디베이트

4차 산업혁명 시대
최강의 공부법

4차 산업혁명 시대 최강의 공부법

디베이트

초판 1쇄 인쇄 2018년 7월 17일
초판 1쇄 발행 2018년 7월 19일

지은이 박숙현

발행인 백유미 조영석
발행처 (주)라온아시아
주소 서울시 서초구 효령로 34길 4, 프린스효령빌딩 5F

등록 2016년 7월 5일 제 2016-000141호
전화 070-7600-8230 **팩스** 070-4754-2473

값 13,800원
ISBN 979-11-89089-26-9 03370

라온북은 독자 여러분의 소중한 원고를 기다리고 있습니다. (raonbook@raonasia.co.kr)

디베이트

4차 산업혁명 시대
최강의 공부법

박숙현 지음

RAON
BOOK

왜 대치동 엄마들은
디베이트에 주목하는가?

학부모 교육 16년, 독서 논술지도사 16년, 그동안 만난 학부모 3,000여 명,

나는 약 30여 년간 교육 분야에서 일하며 3,000여 명 이상의 학부모와 많은 아이들을 만나왔다. 초·중등학교 및 학원, 롯데·신세계 백화점 문화센터 등에서 독서 논술지도사로 활동하면서 유치원생부터 청소년은 물론 교사, 학부모, 그리고 시니어들까지 다양한 수강생들을 대상으로 교육을 해왔다.

교육 현장에서 만난 대부분의 사람들은 독서에 대해 많은 어려움을 느끼고 있었다. 특히 자녀를 둔 학부모들은 "우리 아이는 독서에 흥미가 너무 없어요"라며 고민이 많았다.

논술 전형이 대학 입시에 반영된 이후 '논술 점수를 올릴 수 있는 독서 기술', '토론 능력을 향상시키는 독서력' 등 사회 전반에서 독서에 관심이 많아졌다. 1년 100권 읽기를 비롯해 책 읽는 법을 알려주는 강의나 논술 학원이 우후죽순 생기고, 관련 책들도 많이 나왔다. 그런데 대부분 책을 깊이 있게 읽는 법을 배우는 것이 아니라 발문 적기, 요약하기 등을 정리하는 데 그치거나 학습지에 있는 빈칸을 채우는 데 급급해 오히려 독서에 흥미를 잃는 아이들이 생겨났다.

　　"학원 때문에 성적은 올랐지만 너무 힘들고 숙제할 시간도 없어요." "형식이 똑같아서 지루해요."

　　나를 만난 아이들은 독서를 지루하게, 토론은 어렵게 느끼고 있었다. 무엇이 문제일까? 한국의 교육 현실에 대한 쓴소리를 하자면 현재의 공교육 방식은 아이들이 독서와 토론식 수업에 잘 적응할 수 없게 진행되고 있다. 영어, 수학 등 중요 과목에 밀려 독서를 등한시하거나 책 읽을 시간이 부족한 우리 아이들에게 독서는 지루하기 짝이 없는 시간이고, 논술문 쓰기나 국어 작문 수행평가는 스트레스이다. 특히 논술 훈련을 본격적으로 해야 하는 초등학교 고학년 이상의 아이들에게 기존의 독서와 논술 지도 방법은 공부가 되기는커녕 오히려 포기하고 싶게 만들기도 한다.

"어떻게 하면 쉽고 재미있게 책을 읽고 글쓰기를 할 수 있을까?"

독서를 억지로라도 시키기 위해 한 권씩 읽어오기 숙제를 내서 읽힐 수도 있다. 하지만 이렇게 해서는 독서에 대한 흥미를 높이거나 진짜 글쓰기 실력을 키울 수 없다.

나는 어떻게 하면 독서를 잘 가르칠 수 있을지 많은 고민을 했다. 독서 논술지도사로 오래 활동하면서 논술 능력을 키워줄 수 있는 가장 좋은 방법이 '토론'이라고 생각해 토론 교육을 따로 받기도 하고, 심지어 1억여 원을 들여 관련 프로그램을 운영해보기도 했다. 좋은 교육 정보를 들으면 시간과 장소, 금액을 따지지 않고 바로 등록해 공부했다. 하지만 그것만으로는 아이들에게 제대로 된 토론 교육을 하기 어려웠고, 또한 토론 교육을 해도 아이들의 논술 능력이 생각처럼 잘 향상되지 않았다. 그 이유는 디베이트를 배우게 되면서 정확히 알게 되었다.

현재의 우리나라 토론 교육 방법으로는 아이들의 변화를 이끌기 힘들다는데 학부모나 교사들 모두 공감할 것이다. 책 읽기와 말하기, 글쓰기, 토론 능력을 키우고 눈에 띄게 빠른 속도로 향상시킬 수 있는 교육법이 바로 디베이트 방식이다.

디베이트는 '형식이 있는 토론'을 말한다. 미국 아이비리그

명문대 학생들이 하는 토론 방식을 떠올리면 이해하기 쉬울 것이다. 최근에는 대치동 엄마들을 중심으로 디베이트가 뜨거운 반응을 얻으면서 디베이트 영어, 디베이트 논술 등 디베이트 학원에 보내는 게 하나의 트렌드가 되었다.

대치동 엄마들이 디베이트에 열광하는 이유는 무엇일까? 마크 저커버그를 비롯해 아인슈타인 등 유대인 인재들은 자신들이 창의력을 발휘할 수 있었던 바탕으로 하브루타(havruta)를 꼽는다. 세계 최고의 인재를 키워내는 유대인식 교육의 근간은 질문을 통해 진리를 찾는 하브루타이다. 이 하브루타가 일대일 토론인 반면 이를 활용한 디베이트는 여러 사람이 모여 토론하는 것이다.

디베이트는 '공부의 종합 예술'이라고도 불린다. 그만큼 디베이트의 교육적 효과가 다양하고 뛰어나다는 뜻이다. 먼저 디베이트를 하면 자료를 찾는 '리서치 능력'이 향상되며, 자료를 읽으면서 찬성과 반대의 주장과 근거를 찾는 과정에서 '비판적 읽기 능력'이 향상된다. 이 과정에서 중요한 어휘를 습득하기 때문에 '어휘 능력'이 향상된다.

또한 자료에서 중요한 부분을 찾는 과정은 '요약하는 능력'을 키워주며, 디베이트 경기를 통한 '말하기 능력'과 '경청 능력'도 향상된다. 디베이트 준비과정에서 작성하는 입론서와 디베이트 후에 작성하는 '에세이 쓰기'는 글쓰기 능력, 즉 논술 능력을 향상시킨다.

디베이트는 청중과 심판을 설득할 수 있는 능력이 있어야 한다. 그러기 위해서는 찬성과 반대의 입장에서 생각해야 한다. 이는 '비판적인 사고능력'을 키울 수 있는 기회가 된다. 또한 질문을 통해 상대팀의 오류나 허점을 드러내야 하므로 다양하고 깊이 있는 지식을 쌓게 된다.

실제 내가 기존의 독서 논술을 지도해본 경험과 비교해보면 디베이트를 한 아이들은 책 읽기와 말하기, 글쓰기 실력이 눈에 띄게 빠른 속도로 향상된다.

디베이트의 도움을 받은 사람 중에 내 딸을 빼놓을 수 없다. 내가 처음 시작할 때만에 해도 디베이트를 아는 사람이 별로 없었다. 그래서 딸과 주변 친구들을 대상으로 디베이트 코칭을 하며 말하기와 글쓰기를 가르쳤다. 이렇게 훈련한 덕분에 딸은 중학교 3학년 때 싱가포르로 유학을 가 학생회장도 하고 고등학교 과정에서 'IB디플로마(국제 바칼로레아)' 과정을 우수한 성적으로 마치고 지금은 호주국립대학교에 재학 중이다. 'IB디플로마(국제 바칼로레아)' 과정이 대부분 토론, 프레젠테이션, 에세이 쓰기이니 디베이트 덕을 톡톡히 보았다고 해도 과언이 아니다.

딸을 키우면서 디베이트가 얼마나 유익한지 직접 경험했기 때문에 더 많은 학부모들이 디베이트를 알게 되기를 바라며 이 책을 집필했다.

이 책에는 2022년 전면 도입되는 고교학점제를 비롯해 현재 대한민국의 교육 개혁 방향과 내용을 담았다. 그리고 0.2퍼센트의 인구로 세계의 부를 거머쥔 유대인들의 성공 방식, 하브루타 토론법에 대해서도 다루었다. 효과적으로 디베이트를 할 수 있는 방법과 4차 산업혁명 시대에 맞는 융합형 인재를 만드는 데 가장 적합한 융합 독서 디베이트에 대한 필요성과 방법, 그리고 운영 노하우를 충실히 담았다.

나는 독서와 논술 교육을 오랫동안 지도해온 교육자로서 영어, 수학 공부만큼 중요한 것이 책 읽기이고, 책 읽기 능력을 수백 배 이상 향상시켜줄 수 있는 교육이 바로 디베이트라고 확신한다. 그래서 우리나라 아이들에게 디베이트 교육 과정을 널리 알리고 싶다.

이 책을 통해 아이들이 지금보다 독서를 더 즐거워하게 되고 자신감 있게 자신의 의견을 말하고 토론을 할 수 있다면 이보다 더 보람된 일이 어디 있겠는가? 대한민국의 모든 학부모들이 디베이트의 중요성을 인식하고 자녀와 함께 책을 읽고 토론하는 저녁을 만들기를 기대해본다.

차례

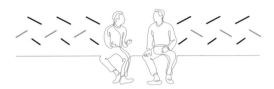

2장

유대인은 왜 토론을 통해 배우는가

3장

최강의 공부법, 디베이트

4장

한국식 디베이트가 필요하다

5장

독서의 완성은 디베이트다

1장

대한민국 교육 정책이
변하고 있다

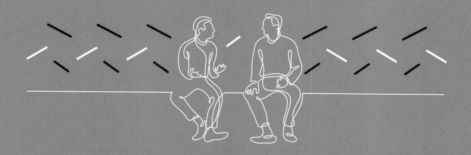

2022년 전면 도입되는
고교학점제

'2015년, 2018년, 2022년!'

무엇을 의미하는 숫자일까? 질문에 대한 답변을 간략하게

하자면 다음과 같다.

- 2015년 개정 교육 과정
- 2018년 문·이과 통합교육 실시와 자유학년제 확대
- 2022년 고교학점제 전면 도입

2018년부터 2015 개정 교육 과정이 본격적으로 적용된다. 2015 개정 교육 과정의 주요 내용은 '중학교 자유학기제 실시, 기초영역에 한국사 추가' 등이다. 이에 따라 2018년도 신입생부터 문·이과 통합교육이 실시되며, 우리나라 전체 중학교 중 절반 정도가 자유학년제를 도입한다. 또한 대학교처럼 학생들이 자신이 원하는 과목을 선택해서 수강하는 '고교학점제'를 일부 고등학교에서 실시하고, 2022학년도부터는 모든 고등학교에 본격적으로 도입할 계획이다.

그동안 우리나라 학생들은 고등학교 입학 이후 1학년 1학기가 지나기 전에 문과 또는 이과로 진로를 선택해야만 했다. 하지만 문·이과 진로를 선택하기에 앞서 문과와 이과 각각 주로 어떤 과목을 공부하는지, 내 진로와 적성에 맞는지에 대해 제대로 경험하거나 배울 기회가 없다. 단순히 수학을 잘하면 이과, 책을 좋아하면 문과를 선택하는 식이었다.

흥미가 있어서 문과나 이과를 선택한 것이 아니다 보니 학생들은 자신이 공부하는 분야에 별로 관심을 두지 않는다. 대학생이 된 후에는 학점과 관련 없는 서적을 읽거나 세미나 같은 전문 교육에 자발적으로 참여하는 경우는 거의 없다. 오죽하면 이과를 선택한 1학년 학생과 학부모 중에는 이과에서는 독서와 글쓰기 능력은 필요 없으니 2학년부터는 그만하겠다고 하는 이들도 있다.

　물론 어릴 때부터 자신의 적성과 진로에 대해 탐색과정을 거쳐 고민하고 문과나 이과를 선택하는 학생도 있지만, 대부분의 학생들은 자신의 적성과 진로에 상관없이 성적에 맞춰 지원하거나 취업에 도움이 되는 쪽을 선택한다. 이런 문제를 해결하기 위해 2018년도부터 문·이과 통합교육을 시행하는 것이다.

문·이과
통합교육의 적용

　　　　　　　　　　　몇 년 전부터 우리나라 교육계에서는 창의·융합형 인재를 키워야 한다는 목소리가 높아지고 있다.

　"과학과 인문학은 '왜(why)'를 묻는 학문이다. 다만 과학과 인문학이 다른 점은 인문학의 질문은 때때로 지나치게 광범위하고 모호해지기도 하지만 과학은 체계적으로 질문하는 방법을 찾아낸다. 그 정도의 차이일 뿐 과학은 사실 인문학이다."

　우리나라 융합과 통섭 분야의 선구자 최재천 교수의 말이다. 과학자이기도 한 최 교수는 그의 저서 《창의융합 콘서트》(엘도라도, 2013)에서 융합과 통섭을 강조한다. 아이폰을 만든 스티브 잡스(Steve Jobs)나 〈아바타〉를 제작한 제임스 카메론(James Cameron) 감독처럼 창의적인 인재가 되려면 과학 기술로만은 한계가 있으며, 인문학적인 통찰력을 키워야 한다고 강조한다. 최재천 교수가 말하는 통섭은 '어느 한 분야로는 문제의 해결책을 찾을 수 없다'는 데서 출발한다고 한다. 결론은 한 가지 기술로만으로는 빠른 속도로 변화하고 있는 세상에 대응할 수 없다는 것이다.

그런 측면에서 본다면 2018년부터 시행되는 문·이과 통합교육과 자유학년제 확대, 그리고 고교학점제 실시는 우리 학생들에게 세상을 보는 안목과 인간을 이해하는 능력을 키워주는 올바른 교육 방향인 것이다. 또한 학생들에게 자신의 진로에 대해 탐색해볼 수 있는 기회를 주어 최재천 교수의 바람처럼 '우물을 넓고 깊게 팔 수 있는 통섭형 인간'으로 자라날 수 있도록 교육 개혁이 시작된 것이다.

고교학점제는 과도한 입시 경쟁과 성적에 대한 부담을 덜어주고 학생들의 진로와 적성에 따라 수업을 듣도록 하자는 취지에서 설계됐다. 이미 2002년에 시행된 7차 교육 과정에서부터 고등학교 문·이과 구분은 없어졌지만, 그동안 대학에서는 문과와 이과의 입학전형을 따로 시행해왔기 때문에 교육 현장에서도 문·이과의 분리교육이 실시되어 왔었다.

고교학점제의 실시

2018년을 기점으로 새로운 교육 개혁의 주사위가 던져졌다. 2018년부터 일부 고등학교에서 '문 · 이과 구분 없이 원하는 수업을 선택해 듣는 고교학점제'가 시범 운영된다. 교육부는 고교학점제 시범학교 운영과 정책 연구를 바탕으로 종합 추진계획과 세부 실행 방안을 마련하고 이후 공론화 과정을 거쳐 2020년까지 고교학점제를 추진할 계획이라고 발표했다.

언론에 나온 기사를 살펴보면 '교육부는 고교학점제를 실시할 경우 경직되고 획일화된 입시 중심 교육에서 유연하고 개별화된 학생 성장 중심 교육으로 변화될 것으로 기대한다'고 한다.

현재 고교학점제를 시행하고 있는 나라는 미국, 영국, 프랑스, 캐나다, 핀란드, 싱가포르까지 6개국이다. 이들 나라는 공통적으로 내신 절대평가를 실시하고 있다. 미국 등의 사례를 통해 볼 때 우리나라 고교학점제는 실시에 대한 기대만큼 우려가 많은 것도 사실이다.

우선 고교학점제를 시행하려면 교사가 더 충원되어야 하고, 이에 따라 예산이 더 필요할 것이다. 또 내신 점수 등과 같이 대입 관련 제도의 개편이 불가피하기 때문에 내신평가 방식과 대입제도 모두 절대평가제로 전환해야 한다는 부담감을 안고 있다. 왜냐하면 학점을 잘 주는 과목에 학생들이 몰릴 수 있기 때문이다.

이러한 우려에도 불구하고 '2017 서울특별시교육청 교육연구정보원 보고서'에 따르면 교장 등 교육 전문가 278명을 대상으로 조사한 결과 고교학점제를 찬성하는 비율은 72.2퍼센트이며, 서울 지역 교원 2,243명을 대상으로 한 고교학점제 찬성 비율은 75.3퍼센트이다.

창의 융합형 인재를 만들기 위한 교육제도의 변화에 사회 각계의 기대가 큰 반면, 현장에서 만난 학부모들은 아이들이 잘 적응할 수 있을지, 어떻게 대비해야 할지 고민이 많다.

일본은 왜 국제 바칼로레아에
관심을 가질까?

'평가의 틀을 깨라.'

〈EBS 다큐프라임 - 4차 산업혁명 시대 교육 대혁명〉에서
일본 교육 현장에서 일어나고 있는 변화에 대해 현지 취재해 방
송했다.

가장 눈에 띄는 점은 우리나라의 수능 시험과 같은 일본의
대학 입시 센터 시험을 폐지하기로 결정했다는 것이다. 이 대신
일본은 국제 바칼로레아(International Baccalaureate, IB)를 도입한다
고 한다. 바칼로레아는 논술형 대입시험으로. 국제 바칼로레아

는 스위스 제네바에 위치한 비영리 교육재단인 IBO에서 제공하는 국제공인 교육 과정이다. 일본은 이 교육 과정을 2018년부터 200여 개 학교에 도입할 계획이라고 한다.

먼저, '일본이 왜 IB에 큰 관심을 보이고 있는가?' 질문을 해볼 필요가 있다. IB는 만 3세~19세까지의 학생들을 위한 4개의 국제 교육 프로그램을 운영하고 있으며, 서술형 시험 위주로 평가가 이루어지고 있기 때문에 학생들의 사고력과 창의력을 길러 주는 데 효과적이다.

현재 전 세계 4,500개가 넘는 학교에서 IB 프로그램을 운영 중이다. IB가 다른 국제 시험인 SAT(Scholastic Aptitude Test)와 차별되는 이유는 '토론', '논리적 사고력', '문제 해결 능력', '협업'과 '소통'하는 교육 방식 때문이다. IB는 크게 초 · 중 · 고등학교로 나뉘는데, 초등학교 과정은 IBPYP, 중학교 과정은 IBMYP, 고등학교 과정은 IBDP라 불린다. 이 중 일본이 가장 중요하게 여기고 있는 IBDP에 대해 자세히 살펴보기로 하겠다.

IBDP(IB디플로마)는 고등학교 과정으로 2년 동안의 커리큘럼으로 구성되어 있다. 실제 학생들이 IBDP를 시작하면 자발적으로 언어, 수학, 과학, 사회학, 예술 등 6개의 과목을 선택해야 한다. 특히 이 모든 과목에서 적극적인 참여, 연구 조사, 에세이 작성을 요구하기 때문에 학생들은 비판적 사고능력을 키우게 된다. 이러한 과정은 학생들이 대학에 입학한 후 대학 생활을 하기 위한 좋은 발판이 된다.

　모든 IB 수업은 토론과 토의를 통한 자율적인 학습 방식으로 진행되며, 토론을 통해 학생들 각자가 의견을 내고 자발적으로 발표하면서 그 의견에 질문하고 답변하는 과정으로 이루어진다. 기사를 살펴보면 일본의 교육과 혁신연구소장은 "IB는 하나의 교과 과정 안에 수능, 내신, 논술, 비교과 활동이 융합되어 있으며, 이 모든 교육 과정이 스스로 생각하는 힘을 키운다."라며 IB 커리큘럼의 장점을 강조하였다. 즉 IB 교육을 받은 학생들이 4차 산업혁명 시대를 이끌어 갈 적임자라고 강조한 것이다.

　이처럼 IB의 창의적 수업 방식은 학생들의 암기 위주 공부 방식을 지양하고 타인과의 의사소통 능력을 길러주어 사회에 나가 활동할 때 문제 해결 능력을 길러주는 훌륭한 교육 방식으로 인정받고 있다.

문재인 정부의 교육 정책 변화와 바칼로레아

　　　　　　우리나라에서도 충청북도와 제주도 등 몇몇 곳에서 바칼로레아 교육 도입이 시도되고 있다.

〈매일경제신문〉에 '이석문 제주도 교육감이 전국 최초로 제주도 초등교육 과정에 IB 교육 과정을 도입하기로 방침을 정함'이라는 기사가 나면서 교육계에 화제가 되었다. 제주도에서 도입하면 한국은 2013년 일본이 IB를 공교육에 전면 도입하기로 결정한 이후 아시아에서 IB를 도입한 두 번째 국가가 되는 셈이다. 사립학교 중에는 이미 도입한 학교도 있다. 경기외국어고등학교가 2011년에 유일하게 IB 과정을 학교 단위에서 실시하고 있다.

현재 문재인 정부하에서 서울시교육청과 부산시교육청, 경남도교육청이 IB 교육 과정 도입 방안을 검토 중이고, 충남교육청에서는 관련 교육도 이뤄졌다고 한다. 이외에도 몇몇 교육감을 중심으로 '한국형 바칼로레아' 도입을 고려한다는 기사가 나오고 있다.

이처럼 우리나라에서 앞다투어 IB 도입을 검토하는 곳이 늘고 있는 이유는 무엇일까? 이는 기존의 주입식, 암기식 교육 대신 '문제를 해결하는 과정'에 초점을 맞춘 교육이 필요해졌다는 반증이다.

물론 IB 교육 과정이 우리나라 교육 과정의 문제를 해결해 줄 만변통치약이라는 것은 아니다. 어떤 제도든 장단점이 있다.

그러나 분명한 것은 미래를 살아갈 우리 아이들에게 비판적인 사고력과 스스로 생각하는 능력, 그리고 창조적으로 생각하는 능력을 키워주어야 한다는 것이다. 그러기 위해서는 다른 사람과 토론하고 발표하며 문제를 해결해나가는 능력이 절실히 필요하다.

미래를 내다보는
교육이 필요하다

　　　　　　　　　　지난 2016년에 있었던 알파고와 이세돌 9단과의 바둑 경기 이후 전 세계는 4차 산업혁명 쇼크에 빠졌다. 각종 미디어에서 4차 산업혁명에 대해 말하고 관련 책들이 쏟아졌지만, 독서 교실에 참여하는 학부모들이나 토론 전문학원에서 만나는 아이들은 4차 산업혁명에 대해 큰 변화를 느끼지 못하고 있다. 아직 학부모들과 아이들의 관심은 진로와 입시, 공부에만 쏠려 있다.

　　그런데 자녀의 진로를 결정할 때 기존의 직업이나 변호사나 의사 같은 전문직, 공기업에 취업하겠다라고 생각하고 준비하면 5년 후에는 후회할 수도 있다. 4차 산업혁명 시대에는 의사나 변호사도 AI가 대신할 수 있고, 지금까지 없었던 직업들이 새로 등

장할 수 있기 때문이다. 자녀의 진로를 결정할 때 반드시 주의해야 할 점이 있다.

한국과학기술기획평가원의 차두원 박사는 미래의 직업은 '로봇과 인공지능을 개발하는 사람, 로봇과 인공지능에 의해 작업 지시를 받는 사람, 로봇과 인공지능에 그 작업을 지시하는 사람'으로 분류될 것이라고 말한다.

정보보안전문가, 빅데이터 전문가, 드론조종사 같은 신종 직업이 생겨나고 있다. 그렇다면 '4차 산업혁명 시대 사회에서 유망한 인재가 되려면 어떻게 해야 할까?' '인공지능과 로봇을 주도하는 사람이 되려면 어떻게 해야 할까?'

4차 산업혁명 시대, 새로운 시대를 맞아 화두로 떠오른 것이 바로 '교육 혁신'이다. 기존의 주입식, 암기식 교육보다 학생들의 능력을 극대화해서 문제 해결 능력을 키우고 생각의 폭을 넓힐 수 있는 방향으로 교육 방식이 바뀌어야 한다. 그러기 위해서는 새로운 지식을 만들어내는 창의적 인재 양성을 위한 교육 시스템을 구축해야 한다는 것이 전문가들의 일관적인 견해이다.

교육은 백년대계라고 말한다. 100년을 내다보고 사람을 키워야 한다는 뜻이다. 지금은 새로운 100년을 설계하고 시작해야 할 때이다. 교육은 우리 사회의 핵심요소이며 4차 산업혁명 시대를 살아갈 우리 아이들에게 가장 중요한 밑거름이기 때문이다.

교육 문제,
엄마 말 듣지 마라?

"여러분, 엄마 말 절대 듣지 마세요."

염재호 고려대 총장이 2017년 연세대 특강에서 한 말이 사람들 사이에 화제가 되었다. 자식을 위해 열심히 애쓰는 엄마들이 듣기에는 무척 서운한 말이다. 그런데 염 총장의 말을 들어보면 일견 일리가 있다.

"엄마들은 아직도 20~30년 전, 즉 20세기의 잣대로 자녀교육을 하고 있다. 대기업에 목매는 사람은 30년 뒤에는 비전이 없다. 이제 인간이 하는 일 대부분은 인공지능(AI)이 대체하기 때문이다. 그러니 '개척하는 지성'이 돼야 함을 명심해야 한다."

이 말은 "세상은 이미 4차 산업혁명을 향해 달려가는데, 아직 우리는 3차 산업혁명 시대에도 제대로 적응하지 못하고 헉헉거리고 있다."라고 말한 정재승 카이스트 교수의 말과 일맥상통한다.

지금의 학부모들은 대부분 공부를 잘한 사람들이 의사나 변호사가 되거나 대기업에 취직해 개인과 한 집안의 운명을 바꿔놓는 경험을 한 세대이다. 공부를 잘하느냐가 인생의 성공을 결정하는 잣대로 알고 살아온 세대이다. 그러다 보니 학원 등을 선택하는 기준이 공부에 도움이 되느냐 아니냐로 결정된다.

그러나 세상은 너무나도 많이 변해버렸다. 누가 더 많이 아느냐, 누가 객관식 문제에서 더 많은 정답을 맞히느냐보다 누가 더 창의적인 생각을 하느냐가 개인과 나라의 운명을 바꿔놓는 시대가 되었다.

"우리는 삶과 일, 인간관계의 방식을 근본적으로 변화시키는 혁명의 문 앞에 서 있다."

세계경제포럼(일명 '다보스포럼')의 창립자 클라우스 슈밥(Klaus Schwab)이 《클라우스 슈밥의 제4차 산업혁명》에서 한 말이다. 그는 "4차 산업혁명은 그동안 겪어온 1차, 2차, 3차 산업혁명과는 전혀 다른 세계로, 인간이 예측하기 어려운 어마어마한 변화를 맞이하게 될 것"이라고 말한다.

인공지능, 머신러닝, 로봇공학, 사물 인터넷, 클라우드 컴퓨팅, 자율주행 자동차, 코딩, 빅데이터, 3D프린터, 가상현실, 증강현실 등 요즘 이슈가 되는 기술은 모두 4차 산업혁명과 관련된 단어이다.

그러나 4차 산업혁명이나, 클라우스 슈밥의 이야기는 사실 부모들이 이해하기에는 좀 어렵다. 또한 일상적인 문제나 자녀교육 문제와 연관이 있는 것처럼 느껴지지도 않는다. 부모들은 4차 산업혁명 시대를 어떻게 준비해야 하고, 어떤 직업을 준비하면 좋을지보다 당장 특목고를 가려면 언제부터 준비해야 하는지, 대학 입시를 대비해 어떻게 공부하면 좋을지를 더 궁금해한다. 다음 사례를 보면 좀 더 이해하기 쉬울 것이다.

'드론 체험 학습', '아빠와 함께하는 3D프린터 만들기 교실'…. 요즘 카페 등에서 인기를 끌고 있는 강의 주제이다.

1초당 10억 장의 판례를 검색해 자료를 찾아내는 로봇 변호사, 암 전문 로봇의사 왓슨, 인공지능 심판 호크아이, 날씨를 알려주고 오늘 어떤 옷을 입으면 좋을지 결정해주는 인공지능 비서 알렉사, 청소를 할지 말지 스스로 판단하는 로봇청소기 룰로.

이처럼 4차 산업혁명은 우리의 삶에 이미 깊숙이 들어와 있고 진행 중이다. 우리 아이들은 3D프린터 등 4차 산업혁명 시대의 기술 변화를 이미 접하고 있다. 그러므로 아이들이 4차 산업 혁명과 관련된 공부를 할 수 있도록 부모들이 도와주어야 한다.

4차 산업혁명 시대에 맞는 교육

그렇다면 4차 산업혁명 시대를 살아갈 내 아이를 위해 어떤 교육을 해야 할까?

연세대 커뮤니케이션연구소 김주환 교수팀과 중앙일보는 전국 중·고교생과 대학생 1,100명을 대상으로 미래 역량 지수를 측정했다. 연구팀은 한국 사회 오피니언 리더 100명을 대상으로 조사한 미래 인재의 핵심 역량을 참고해 '자기조절력', '자기동기력', '대인관계력', '디지털 역량' 등 4가지를 미래 핵심 역량으로 선정했다. (《중앙일보》, 2018. 01. 12. 기사 참고)

아이들의 미래 핵심 역량을 키워주려면 어떤 교육을 해야 할까? 전문가들은 어린이와 청소년이 4차 산업혁명 시대에 필요한 창의성, 융합 능력 등을 기를 수 있도록 해줘야 한다고 말한다. 4차 산업혁명 시대의 교육 중 하나로 독서를 강조한다. 독서는 지적 호기심을 충만하게 한다. 더 나아가 무엇이 옳고, 그른지를 판단할 수 있는 비판적 사고와 토론 능력이 향상되면 궁극적으로 융합적 사고력, 창의력이 키워진다.

독서가 중요하다는 것은 누구나 알고 있지만, 안타깝게도 아직 학부모들 중에는 어떤 책이 좋은지에 대한 정보만을 중요하게 생각하는 사람들이 많다. 그렇기 때문에 그 책이 왜 좋은지, 어떻게 읽히고 소화하게 해야 하는지를 생각하지 못한다. 그러나 솔직히 이런 학부모들의 행동을 잘못됐다고 지적할 수만은 없다. 학부모들도 그동안 살아오면서 누구한테도 독서에 대한 지식과 정보를 제대로 배워본 적이 없기 때문이다.

'영국의 6살 자녀를 둔 한 엄마가 동화《잠자는 숲속의 공주》를 저학년 독서 목록에서 제외해달라고 주장했다. 부적절한 성적 메시지를 담고 있다는 이유였다. 아들이 학교에서 빌려온 책을 읽어주던 사라 씨는 왕자가 허락도 없이 잠에 빠진 공주의 집에 들어와 입맞춤하는 내용이 잘못된 성 관념을 심어줄 수 있다고 판단했다. 그녀는 이 동화가 고학년 학생들에게는 좋은 토론 주제가 될 수 있다고 생각했다. 왕자가 입맞춤한 뒤 공주가 깨어났을 때 어떤 기분이었을지, 낯선 사람이 동의 없이 자신의 집에 있는 걸 발견했을 때 어떻게 해야 할지 등에 관해 얘기하는 것이다.' (출처 : 김도균, '잠자는 숲속의 공주, 잘못된 성 관념 심어줘, 학부모 주장에 논쟁 가열', SBS 뉴스. 2017. 11. 28.)

사라 씨가 고민했던 것과는 달리 우리나라 학부모들은 서양 민담을 아무런 고민 없이 어린 자녀들에게 보여주거나 들려주고 있다. 문제는 서양 민담을 어릴 때부터 접한 아이들은 판단 능력이 아직 미숙한 상태에서 그대로 받아들인다는 점이다. 동화 속 하얀 얼굴과 피부를 가진 서양인들을 보고 자신도 모르게 백인 우월주의와 서양 우월주의 사상을 받아들일 수 있다. 또한 얼굴이 예쁜 공주와 잘생긴 왕자를 동경하면서 외모지상주의 사고를 가지게 되고, 흑인 노예를 보면서 흑인에 대한 차별의식을 가지게 될 수도 있다. 자녀에게 동화 하나를 들려주더라도 아이의 사고에 얼마나 영향을 미치는지 생각하고 판단해야 한다는 말이다.

"한국 학생들은 하루 10시간 공부하고 있지만 10년 후 필요치 않을 직업을 위해 시간을 허비하고 있다."

미래학자 앨빈 토플러(Alvin Toffler)가 한 말이다. 지금 자녀에게 시키고 있는 공부가 10년 후에도 유효한 공부인가? 아이들에게 창의력을 키워줄 수 있는, 평생 유용하게 사용해야 할 능력을 키워주는 방법은 무엇인가? 4차 산업혁명 시대에 맞는 교육법을 고민해보고 새로운 방향 설정이 필요한 때이다.

공교육 현장에서
토론 수업이 확산되고 있다

학원을 운영하면서 아이들을 가르치지만 입시나 교육 정책
이 어떻게 바뀔지 정보를 수집해 학부모들에게 전하는 것도 내
일이다. 그러다 보니 정부의 교육 정책을 좀 더 자세히 살펴보게
된다.

우리나라의 학교 제도는 1948년 대한민국 정부가 수립된
이후 시작돼 약 70년 정도의 역사를 가지고 있다. 1974년에 시
작된 고등학교 평준화제도와 대학의 졸업정원제를 비롯해 다양
한 제도가 시행되는 등 교육 역사가 짧은데도 양적으로 빠르게

발전해왔다.

그러나 우리나라 교육의 양적 증가는 교육의 질적 향상과는 상당한 괴리감이 있다. 정권이 바뀔 때마다 각기 다른 입시 정책을 내놓아 '누더기 대입정책'이라는 말을 듣기도 한다. 지금도 학교 현장에서는 정시 확대냐 수시 확대냐를 두고 날 선 공방을 하고 있고, 대입제도가 바뀌면 중·고등학생 교육과정도 변화가 생겨 그때마다 학부모와 학생들은 혼란을 겪는다.

가장 최근 변화된 교육정책의 핵심은 창의성과 토론 능력 향상이다. 전문가들은 4차 산업혁명 시대의 인재로 키우기 위해서는 토론이 중요하다고 말한다. 그래서인지 최근 새롭게 개편된 교육 과정의 특징은 토론 교육의 중요성을 강조하고 학습 내용에 변화를 주는 것이다. 이를 위해 공교육 교사들은 방학 때마다 교사 직무 연수 교육을 통해 토론 교육을 받고 있다. 또한 학교에서는 과학 토론 대회나 교내 토론 대회를 활성화해 학생들의 토론 능력을 키워주고 있다.

예전보다 토론 교육에 대한 의식이 높아지고 횟수가 많아지기는 했지만 아직까지도 토론 교육을 어떻게 할 것이냐에 대한 구체적이고 체계적인 교육 방법 계획과 실천은 부족한 것이 현실이다.

공교육 토론 수업의 한계

현실적으로 공교육 현장에서 토론 교육이 활성화되지 못하는 이유를 다음과 같이 정리할 수 있다.

첫째, 토론을 하기에는 한 학급의 학생 수가 많다.
둘째, 교사는 수업 진도에 대한 부담이 크다.
셋째, 학생들이 말을 하지 않는다.
넷째, 학생들이 토론 준비를 잘 해오지 않는다.
다섯째, 토론을 하기에 수업 시간이 너무 짧다.

먼저, 교사들이 토론 교육을 이끌 때 가장 부담스러운 것이 한 학급에 학생 수가 너무 많다는 것이다. 요즘은 예전에 비해 학급당 학생 수가 많이 줄었으나 아직도 25~30명 정도다. 그래서 원탁 토론이나 배심원 토론으로 진행하는 경우가 많다.

원탁 토론은 5~6명씩 팀을 이루어 여러 팀이 동시에 시작할 수 있다는 장점이 있다. 하지만 토론 진행에 미숙한 학생들로서는 형식을 숙지하기 어렵고, 사회자 없이 학생들끼리만 원탁 토론을 진행하면 토론의 흐름이 끊기거나 토론의 내용이 충실하지 못할 수 있다.

배심원 토론은 토론에 참여하는 6~8명의 토론자 외에 진행자, 타임키퍼(Time Keeper), 심사위원, 배심원 등으로 역할을 맡으므로 한 학급의 모든 학생이 토론에 참여할 수 있다. 그러나 학급 구성원 중 실제 토론에 참여해야 할 학생 수가 6~8명이다 보니 여러 번 토론을 진행해도 직접 참여할 기회는 한두 번에 불과하다. 결국 토론을 경험할 기회가 적어진다는 뜻이다. 물론 다양한 토의 과정을 통해 토론 교육을 할 수도 있지만 토의 과정만으로는 교육 효과를 크게 기대하기 어렵다.

두 번째, 교사 입장에서는 수업 진도에 대한 부담을 무시할 수 없다. 한 학기 동안 배워야 할 교과서의 양은 정해져 있다. 진도를 나가다 보면 토론할 시간을 확보하기가 어려운 것이 현실이다. 특히 토론을 본격적으로 경험해야 할 중·고등학교에서는 시험에 대비해 진도를 맞춰야 한다. 열정적인 교사는 방과 후에라도 교육하려고 하지만 학원에 다니는 아이들이 많다 보니 일부 학생들만 할 수밖에 없다. 학생들도 시험에 대한 부담 때문에 토론 준비를 힘겨워한다.

세 번째, 토론의 주체인 학생들이 말을 하지 않는다는 것이다. 토론을 하기 위해서는 자기 팀 입장을 대변하는 논리적이고 구체적인 주장을 펼쳐야 하고 상대팀의 오류나 허점을 짚어낼 수 있는 질문과 반론을 해야 한다. 그러나 어릴 때부터 주입식 교육과 문제풀이에 익숙한 우리나라 학생들은 말하는 것 자체를 어려워한다. 토론은커녕 내 생각을 발표하는 것도 부담스러운 아이들에게 토론은 시험보다 더 버겁게 느껴진다. 요즘은 특목고나 대학 진학 때 면접을 봐야 하는데, 말하기 기초 훈련이 안 돼 있다 보니 입학을 앞두고 비싼 돈을 들여 면접 과외, 토론 논술 과외를 따로받기도 한다.

네 번째, 학생들이 토론 준비를 잘 해오지 않는다. 시사 토론이든 독서 토론이든 토론을 하기 위해서는 기본적으로 준비해야 할 것이 있다. 시사 토론은 논제에 대한 찬성과 반대 입장에서 자료를 찾고, 토론 과정에 사용할 수 있도록 자료를 요약해야 한다. 또한 찬성과 반대 입장에서 입론서를 작성해야 한다. 중·고등학생 자녀를 둔 부모들은 아이들이 국어 수행평가로 '토론 입론서'를 작성하는 모습을 봤을 것이다. 입론서는 A4 한 장 분량으로 각각 찬성, 반대 입장을 서술해야 하고, 이 입론서를 바탕으로 토론 질문과 반론을 준비해야 한다. 그런데 일선 교육 현장에서는 자료를 찾는 방법이나 입론서 작성 방법 등에 관해 제대로 교육하지 못하는 것이 현실이다.

마지막으로, 토론을 하기에는 수업시간이 너무 짧은 것이 문제다. 토론을 하기 위해서는 시간이 충분히 확보되어야 한다. 초등학교에서는 한 선생님이 거의 모든 수업을 진행하기 때문에 선생님의 의지에 따라 충분히 토론 교육이 가능한 편이다. 그러나 중·고등학교에서는 수업시간마다 담당교사가 다르고 입시 위주로 교육하다 보니 토론 교육을 하기에는 현실적으로 불가능하다.

그렇다면 토론 교육은 어떻게 해야 할까?

4차 산업혁명 시대를 맞아 강조되고 있는 교육 방법인 토론식 수업은 창의적·융합형 인재를 만드는 데 가장 적합한 교육 방법이다.

그러나 우리나라 학생들은 어릴 때부터 문제풀이를 반복하고 영어 단어를 외우는 방식으로 교육을 받다 보니 토론하는 것이 익숙하지 않다. 현재의 토론 교육 방법으로는 우리 아이들의 변화를 이끌 수 없다. 이제라도 대학 합격만을 목표로 하는 단기

교육이 아닌 학생 스스로 자신의 역량을 충분히 발휘할 수 있는 토론 교육이 이루어져야 한다.

EBS 다큐프라임 – '4차 산업혁명 시대 교육 대혁명'에서 네덜란드에서 운영되는 '스티브 잡스 스쿨'을 소개했다. 이 학교는 기존의 학교 틀을 완전히 깼다. 초등학교 1학년부터 중학교 3학년까지 학년 구분이 없다. 나이가 많은 학생이 어린 친구들에게 도움을 주는 과정에서 소통하고 배려하는 법을 배운다. 학생은 자신의 흥미와 적성에 따라 원하는 공부를 선택할 수 있는 개인 맞춤형 수업을 받을 수 있기 때문에 열두 살과 여덟 살이 같은 수업을 들을 수도 있다. 프로젝트에 따라 자유롭게 토론하고 발표하는 자율적인 교육을 한다.

한국에서는 이렇게 자유로운 교육 문화나 토론 수업이 정착이 안 되어 있다. 이 문제를 해결해줄 수 있는 방법이 바로 이 책에서 소개하는 디베이트이다.

나는 독서지도사로, 토론, 논술을 지도하는 사람으로서 어떻게 하면 더 잘 가르칠 수 있을까 수없이 많이 고민해왔다. 동화구연, 독서지도, 논술지도, 역사 논술, 그림책 지도, 핵심 중심 책 읽기 과정 등 관련 자격증을 10여 개 취득하고, 현장에서 다양한 방법을 시도해보았다. 한때는 '내 실력이 부족해서 아이들이 어려워하는 건 아닌가?' 하는 자책까지 들기도 했다. 그러다 세계 상위 2% 인재를 길러내는 유대인의 하브루타 교육과 디베이트를 접하게 되면서 방법을 찾게 되었다.

지금부터 그 방법에 관해 학부모들에게 소개하겠다.

2장

유대인은 왜 토론을 통해 배우는가

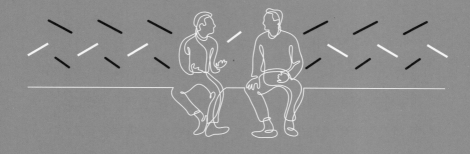

세계 최고의 인재를 길러내는
유대인식 교육법

'오늘은 모처럼 맞이하는 휴일이다. 기분 좋게 늦잠을 자고 난 후 시원한 페리에 생수 한 잔으로 잠을 쫓는다. 욕실로 가서 비달사순 샴푸로 머리를 감고 에스티 로더와 헤레나 루빈스타인 화장품으로 예쁘게 단장을 한다. 리바이스 청바지를 입고 식탁에 앉는다. 아침 식사는 달콤한 던킨 도넛이다. 배스킨라빈스 아이스크림으로 후식까지 챙겨 먹는다. 간단히 배를 채우고 나서 샘소나이트 가방에 허쉬 초콜릿을 넣고 가방과 헤르츠 렌터카 열쇠를 챙겨 집을 나선다. 친구와 만나기로 약속한 스타벅스

를 향해 경쾌하게 자동차 시동을 건다.'

위 문장에 소개된 브랜드는 모두 유대인이 만든 것이다. 우리는 유대인이 만든 브랜드의 제품으로 하루를 시작하고 마무리하고 있다고 해도 과언이 아니다.

세계에 흩어져 살고 있는 유대인은 약 1,500만 명 정도이다. 전 세계 인구 75억 명 중 0.2퍼센트에 불과한 유대인들이 이루어낸 업적은 놀라움 그 자체이다. 1901년 노벨상이 시작된 이래 노벨상 수상자의 22퍼센트가 유대인이다. 빌 게이츠, 투자의 귀재 워런 버핏, 석유 재벌 록펠러 등 유명한 기업인 중 대부분이 유대인이다. 미국의 경제 대통령으로 불린 앨런 그린스펀, 스타벅스의 창업자 하워드 슐처, 던킨 도너츠의 창업자 윌리엄 로젠버그, 배스킨라빈스의 래리 엘리슨을 비롯해 칼 마르크스, 프로이트, 아인슈타인, 피카소, 샤갈, 모딜리아니, 캘빈 클라인 등 유명한 과학자, 예술가, 패션 디자이너들도 유대인이다.

'미국은 세계를 지배하고 유대인은 미국을 흔든다'는 말이 있다. 미국 내 유대인 부자들이 어느 쪽에 힘을 실어주느냐에 따라 미국 내 정권이 바뀐다는 의미이다. 그래서 미국의 주요 정책들이 유대인들의 영향력에 따라 좌우된다는 논란에 휩싸이기도 한다. 이처럼 유대인은 미국 정치, 경제 분야에서 세계를 쥐락펴락할 정도의 강력한 영향력을 휘두르고 있다.

또한 유대인들은 창의력과 상상력으로 세계의 영화계를 주도적으로 이끌고 있다. 미국의 7대 메이저 영화사 중 6개를 유대인이 창업했으며, 스티븐 스필버그를 비롯해 작가, 제작자, 감독 등 오늘날 할리우드에서 활동하고 있는 유대인이 차지하는 비율이 60퍼센트나 된다. 이처럼 유대인은 수많은 창의적 인재를 양성했으며, 세계 역사의 흐름을 주도해왔다.

유대인은 어떻게 놀라운 업적을 남긴 위대한 인물들을 많이 배출했을까?

유대인의 아이덴티티
교육

인류 역사 중 유대인만큼 많은 박해와 시련을 받은 민족도 없을 것이다. 유대인은 2,000년 동안 조국도 없이 여러 나라로 흩어져 살며 가난을 겪고 차별에 시달려야 했다.

11세기 십자군이 이슬람 교도들과 전쟁을 벌이기 위해 예루살렘을 정복했을 때 유대인이라는 이유로 가장 먼저 학살되어야만 했다. 당시 십자군에 정복된 민족은 모두 기독교로 개종했으나 유대인들만은 기독교로 개종하지 않았기 때문에 유대인들은 죄인처럼 살아갈 수밖에 없었다.

유대인들은 약 천 년 전부터 부동산을 소유하는 것이 법적으로 금지되었고, 게토라고 불리는 유대인 거주 지역에만 머물러 살아야 했다. 게다가 유대인들은 일정한 직업에 종사할 수조차 없었다. 그래서 그들은 기독교인들이 기피하는 고리대금업이나 의사 등 당시로서는 가장 천한 직업을 선택할 수밖에 없었다.

20세기 들어서도 유대인의 비극은 계속되었다. 독일 나치가 정권을 장악한 1933년 이후 히틀러의 유대인 말살 정책이 자행되었다. 그 결과 1939년부터 1945년까지 희생당한 유대인의 수는 약 600만 명에 이른다. 1930년대 유럽에 반유대주의가 거세지자 1945년까지 유대인 지식인 1만여 명이 목숨을 부지하기 위해 미국으로 건너갔다. 당시 미국은 유럽에 비해 여러 분야에서 뒤처져 있었다. 유대인의 이민으로 미국은 현대 과학과 영화 분야에서 눈부신 발전을 이루었고, 제2차 세계대전이 끝난 후에는 지식산업 분야에서 세계 최강국으로 발돋움할 수 있었다.

유대인들은 2,000년을 떠돌면서도 그들만의 정체성만은 지키려고 노력했다. 유대인을 정신적·문화적으로 단결시키는 힘과 정체성, 즉 아이덴티티를 지켜준 것은 《탈무드》이다. 《탈무드》는 오랜 세월을 떠돌아다녀야 했던 유대인들에게 고향과도 같은 의미이며, 유대인 문화의 뿌리라고 할 수 있다.

《탈무드》는 지금으로부터 1,500년 전에 쓰인 유대인 경전이다. 유대인의 성경인 토라는 교과서이며, 토라를 해설 또는 주석한 책이 바로《탈무드》이다. 토라는 '가르침'이라는 뜻이 있고 탈무드는 '배움'이라는 뜻을 지니고 있다. 즉 유대인은 토라를 통해 삶의 원리를 가르치고《탈무드》를 통해 삶의 지혜를 배우는 것이다.

그러므로 유대인에게《탈무드》는 단순히 읽는 책이 아니라 평생 동안 연구하는 책이며, 질문하고 논쟁하는 책이다. 그들은 《탈무드》를 통해 합리적인 비판하는 법을 배우고, '세상에는 정답이 존재하지 않으며 각각의 주체적 의견이 중요하다'는 생각과 '모든 사람으로부터 배운다'는 사고를 갖게 된다.

유대인 가정에서는 학교에 입학하기 전부터《탈무드》로 토론하는 법을 배우고, 성인식을 치르는 13세 때부터 경제관념을 익힌다.

유대인들은 13세가 되면 자기의 행동에 책임질 수 있는 나이가 된 것으로 간주해 성인식을 연다. 이 성인식은 세례식 다음으로 유대인에게 중요한 의식이다. 성인식을 맞이하는 아이는 자신의 목표를 정한 후 부모의 도움 없이 연설문을 만들어 유창하게 지인들 앞에서 발표를 한다. 자신의 목표를 구체적으로 설계하는 기회를 갖게 되는 것이다. 성인식에 함께한 친척과 친지

들은 아이에게 기꺼이 축의금을 낸다. 아이와 부모는 이 돈을 주식, 채권, 펀드 등에 투자한다. 체계적인 경제 교육이 이때부터 시작되는 것이다. 성인식에서 받은 돈은 나중에 대학 등록금이나 창업자금으로 사용된다. 13세에 이미 자신의 꿈을 설계하고, 목돈까지 마련하는 유대인들의 인생은 시작부터가 다를 수밖에 없다.

지금부터 최고의 인재를 길러내는 유대인들의 자녀교육법을 자세히 알아보도록 하자.

유대인의 자녀교육은
저녁 식사 시간에 이루어진다

자식이 잘되기를 바라는 것은 동서양을 불문하고 모든 부모의 공통된 관심사다. 특히 유대인은 자녀교육에 많은 관심과 시간을 할애한다. 유대인은 조국이 없이 떠도는 민족의 악조건을 이겨낼 수 있는 유일한 길은 질 높은 교육이라고 생각했다.

유대인 가정에서 아빠는 가족과 함께 저녁 식사를 하는 것을 원칙으로 하고 있으며, 최소한 일주일에 한 번, 매주 금요일 저녁은 반드시 온 가족이 함께 식사를 한다. 유대인에게 금요일은 '밥상의 날'이며 '안식일 만찬'이 시작되는 날이다. 아무리 바뻔 가족이라도 이날만큼은 모두가 한자리에 모여 식사를 하고 서로의 안부를 확인하며, '유대인의 수다' 시간을 가진다. 그만큼 같이 식사를 하며 대화를 나누는 것을 소중하게 생각하기 때문이다.

저녁 식사 시간은 특별한 이벤트처럼 형식을 갖춰 진행된다. 온 식구가 함께 집 안 청소를 깨끗이 하고, 장보기, 식사 준비를 한다. 식사 준비가 끝나면 모두 말쑥하게 정장을 차려 입고 유대인의 종교적 양식에 맞추어 촛불을 켠 식탁에 모여 앉는다. 금요일 안식일 저녁 식사는 세 시간 동안 천천히 먹으며 만찬을 즐긴다.

식사가 시작되면 먼저 아버지는 아내가 한 일에 감사 기도를 드린다. 이어서 어머니도 자녀가 잘한 일을 구체적으로 소개하며 격려한다. 유대인들은 식탁에서 아이가 잘못한 일이 있어도 절대 혼내지 않는다. 혹시 혼낼 일이 있더라도 식사 이후로 미루고, 칭찬과 격려 등 긍정적인 말을 해주며 웃을 수 있는 밝은 분위기를 만든다.

유대인 부모는 식사를 하면서 자녀의 학교생활과 친구 관계에 대해 자연스럽게 이야기를 나눈다. 아이들이 하루 일과를 돌아보고, 자신의 행동을 스스로 반성할 수 있도록 하는 것이다. 또한 식사 자리에서 아이가 갖고 있는 고민에 대해 이야기를 나누면서 아이 스스로 고민에 대한 해답을 얻을 때까지 질문을 계속한다. 부모는 절대 아이의 이야기를 중간에 끊지 않고 인내심을 가지고 끝까지 경청한다.

부모들도 직장에서 있었던 일들을 이야기하며 아이들이 사회생활을 간접 경험할 수 있게 한다. 그러다 보니 유대인 아이들은 자신의 아버지를 힘들게 하는 직장 상사의 이름까지도 안다고 한다. 우리나라 아이들이 초등학교 고학년이 되어서도 아빠가 구체적으로 어떤 일을 하는지, 아빠가 다니는 회사 이름이 무엇인지 정확히 모르는 것과는 대조적인 모습이다.

유대인 부모와 자녀의 저녁 식사는 토론의 장이 되기도 한다. 이들은 책, 신문기사 등 다양한 주제로 토론한다. 이러한 경험을 통해 자연스럽게 아이들의 지적 호기심이 생겨나게 된다.

구글의 창업자 래리 페이지는 "식사 시간마다 벌어지는 격렬한 토론 때문에 나는 끊임없이 읽고 생각하고 상상해야 했다." 고 말한다.

이처럼 유대인 부모는 저녁 식사를 하면서 교과서를 통해 배우는 지식보다 더 중요한 것을 자녀에게 가르친다. 밥을 같이 먹는 저녁 식사 자리는 그야말로 살아 있는 교육의 장이다. 유대인들에게 저녁 식사 자리는 부모에게 많은 것을 배우는 공부의 장이 되는 셈이다. 유대인 아이들은 저녁 식사 시간을 통해 자연스럽게 인내심을 기르고, 부모로부터 배려와 예절, 존중, 나눔을 배운다.

밥상머리 교육이
창의성을 키운다

어머니의 밥상머리 교육으로 가치 1,200억 원 달러의 회사를 만든 형제가 있다. 바로 버트 제이콥과 존 제이콥이다. 제이콥 형제는 6남매 중 다섯째와 여섯째로 태어났다. 이들이 초등학교에 갓 입학했을 때 부모님은 불의의 교통사고를 당해 심한 후유증을 겪는다. 아버지는 오른팔 불구로 인해 분노조절장애가 생겨 자주 소리를 지르고 집기를 마구 부수는 등 난폭한 행동을 일삼았다. 어머니 또한 교통사고 후유증으로 손가락을 자유롭게 쓸 수 없었다. 그럼에도 어머니는 언제나 즐겁게 노래를 부르며 식사를 준비했고, 불편한 손으로 직접 연기를 하며 아이들에게 동화책을 읽어주었다.

저녁 식사 시간에 가족들이 둘러앉으면 어머니는 "오늘 하루 있었던 일 중 가장 좋았던 것이 뭐니?"라는 질문을 했다. 형제들은 학교에서 있었던 일들을 가족들과 공유하며 행복한 시간을 보냈다. 이 짧은 질문이 집안의 분위기 전체를 바꾸었고, 형제들에게 긍정적인 마음을 갖게 해주었다.

성인이 된 제이콥 형제는 길거리에서 티셔츠를 팔았다. 처음에는 하루에 한 장도 못 팔고 허탕 치기 일쑤였다. 그러다 '삶은 좋은 것(Life is good)'이라는 문구와 함께 웃고 있는 캐릭터 '제이크'가 프린팅된 티셔츠를 팔기 시작했다. 그런데 놀랍게도 처음 만든 50장이 1시간 만에 다 팔릴 정도로 인기를 끌었다. 그후 이들은 티셔츠 전문회사 '삶은 좋은 것(Life is good)'을 설립했고, 현재 기업가치가 1억 달러에 달한다고 한다.

제이콥 형제가 성공할 수 있었던 '삶은 좋은 것'이라는 문구는 어머니의 밥상머리 교육에서 나온 것이다. 그들은 CEO가 된 지금도 퇴근하는 직원들에게 "당신이 오늘 한 일 중 가장 좋았던 것은 무엇인가요?"라고 묻는다. 어머니의 가르침을 경영 현장에서 실천하고 있는 것이다. 제이콥 형제의 이야기에서 엄마의 긍정적인 질문이 얼마나 중요한지 깨닫게 된다. (참고 : 「티타임즈」, '1천억 원짜리 티셔츠 회사 만든 비결은 어머니의 밥상머리 교육', 2016. 1. 4.)

유대인 아이들에게 가정은 가장 중요한 배움의 공간이며 교육의 출발점이다. 이러한 가정에서 자라난 유대인 아이들은 부모의 따뜻한 관심과 사랑 덕분에 정서가 안정되고 자신감을 갖게 되며 자신의 꿈을 성장시켜나간다.

우리도 저녁 밥상에서 온 식구가 둘러앉아 밥을 먹고 이야기를 나누는 문화를 만들어보자. 후식을 먹으며 '좀 더 나은 후식이 없을까?'를 고민하다가 던킨 도너츠를 개발한 유대인처럼 우리 자녀들이 하겐다즈 아이스크림, 허쉬 초콜릿, 배스킨라빈스와 같은 세계적인 기업을 만들지 누가 아는가?

가장 많은 노벨상 수상자와 세계적인 리더와 대부호를 만들어낸 유대인의 자녀교육의 비밀은 저녁 식사, 즉 밥상머리에 있었다.

"오늘 학습지 몇 페이지 풀었니?", "학원 숙제는 다 했어?", "점수는 몇 점 나왔어?" 이런 질문 대신 오늘 저녁부터 제이콥 형제의 어머니처럼 긍정적인 질문으로 시작해보자.

"오늘 하루 있었던 일 중 가장 좋았던 것이 뭐니?"

교육, 그 자체를
목적으로 삼다

어느 마을에 이웃 나라의 유명한 학자가 찾아왔다. 마을의 대표가 학자를 병사들이 있는 작은 진지와 울타리를 쳐 방비를 한 곳을 안내하며 안보 상태를 확인시켜주었다. 마을의 대표와 함께 숙소로 돌아왔을 때 학자는 이렇게 말했다.

"나는 아직 이 나라가 어떻게 지켜지고 있는가를 보지 못했습니다. 나라를 지키는 것은 병사가 아니라 학교입니다. 왜 나를 제일 먼저 학교로 데리고 가지 않았습니까?"

《탈무드》에 나오는 '나라를 지키는 학교' 이야기이다. 유대인들은 유대 공동체가 있는 곳마다 반드시 학교를 세운다. 유대인이 세운 학교는 일등만 양성하는 것이 아니라 모든 아이들이 교육받도록 하는 것을 중요하게 생각한다. 유대인들은 약 2,000년 전부터 의무교육을 시행했다. 이 때문에 문맹률이 높았던 중세 이전에도 유대인들은 기초적인 글자를 읽고 쓸 줄 알았다.

유대인은 2,000년 동안 조국이 없이 떠돌아다닌 유랑 민족이었기 때문에 부와 지위를 얻기 어려웠다. 유대인에게는 '공부'만이 살 길이었다. 유대인들이 의지할 재산은 오로지 언제 어디서나 휴대할 수 있는 '지식'이었다. 그들은 '아무리 지혜로운 사람이라도 배우기를 중단하면 지금까지 배운 모든 것을 잃는 것과 같다'고 생각한다. 지적재산이야말로 지식산업이 지배하는 현대사회에서 중요한 힘을 발휘하며 유대인들을 강하게 만든 일등 공신이다.

배우는 즐거움을 가르치는
유대인 부모

유대인은 어릴 때부터 '원래 인간에게 배움은 즐거운 일'이라고 배운다. 그래서 여섯 살 초등학교에 입학하는 첫날 모든 신입생들에게 꿀 발린 과자를 준다. 그 과자를 먹은 아이들은 '공부는 꿀처럼 달고 맛있는 것'이라는 사실을 머릿속에 기억하게 한다.

러시아계 유대인 패트리샤 폴라코(Patricia Polacco)는 자전적 이야기 《꿀벌 나무》(국민서관, 2003)를 통해 '배운다는 것은 꿀처럼 달다'는 유대인의 생각을 잘 표현하고 있다.

책을 읽다가 싫증이 난 초롱이에게 할아버지는 책 읽는 재미를 특별하게 알려준다. 할아버지는 꿀을 초롱이의 책 위에 한 방울 떨어뜨린다. "맛을 보렴. 책 속에도 바로 그렇게 달콤한 게 있단다. 모험, 지식, 지혜 그런 것들 말이야. 하지만 그건 저절로 얻을 수 있는 게 아니야. 네가 직접 찾아야 한단다. 우리가 꿀벌 나무를 찾기 위해서 벌을 뒤쫓아가듯, 너는 책장을 넘기면서 그것들을 찾아가야 하는 거란다!"

이 책에는 유대인이 지식과 지혜를 쌓는 그들만의 전통적인 방식이 잘 드러나 있다. '사람은 평생 공부하도록 만들어졌다'는 것이 유대인들의 사고이며 신념이다. 그래서 유대인은 아이들이 학문에 대한 열정을 평생 가질 수 있도록 교육한다.

유대인은 어떠한 일이 있더라도 학업을 중지해서는 안 된다고 생각한다. 이 때문에 유대인 학생들은 아무리 가난해도 대학 교육은 물론 대학원 교육을 받으려고 한다. 그 결과 학사 학위는 미국인 보다 평균 2배나 많고 석사 학위는 평균보다 약 4배나 많다.

한국인과 유대인은 교육을 중시한다는 공통점을 갖고 있다. 그런데 유대인이 노벨상을 여러 번 수상한 반면 한국인은 평화상을 제외하고 다른 분야에서는 한 번도 받지 못했다. 국제 수학 올림피아드에서는 한국 청소년들이 높은 성적을 올리는데 창의력에서는 그렇지 못한 이유는 무엇일까?

EBS 〈미래 강연 Q〉에서 '유대인과 질문'이라는 주제로 강연을 한 김정완 하브루타교육협회 이사는 우리 교육과 유대인 교육의 근본적인 차이를 잘 설명해주고 있다. 김정완 이사는 "유대인은 교육 그 자체를 목적으로 삼는 데 반해 우리는 교육을 수단으로 삼고 있다."라고 말한다. '돈을 벌기 위한 수단, 자격증을 따기 위한 수단, 좋은 대학을 가기 위한 수단, 좋은 직장을 들어가기 위한 수단' 정도로만 교육을 생각한다는 것이다. 교육을 수단이 아닌 목적으로 삼는 유대인의 교육 이념은 공자와 통한다.

"아는 것은 좋아하는 것만 못하고, 좋아하는 것은 즐기는 것만 못하다."

《논어》에 나오는 말이다. 즐기는 것만이 배움을 지속할 수 있다고 공자는 말한다.

"디베이트가 공부에 도움이 되나요?"

학원에 상담하러 오는 어머니들이 나에게 가장 많이 하는 질문이다. 결론부터 말하면 디베이트는 중학교 수행평가 토론·토의 수업이나 고등학교 입학 토론 면접, 특목고 지원에 필요한 자기소개서 작성 등에 도움이 된다. 내가 운영하는 학원에 다니는 학생 중에는 교내 토론대회나 과학토론대회, 논술대회에서 상을 수상한 아이들이 많다. 하지만 단순히 공부에 도움이 되기 때문이라면 굳이 디베이트를 할 필요가 없을 것이다. 배우는 즐거움을 가르쳐주는 것이 디베이트의 장점이다.

나는 부모님들이 지금 하는 공부가 자녀들에게 배우는 즐거움을 주고 있는지 아이들과 같이 고민해봤으면 한다.

유대인식 토론 방법,
하브루타

"혼자서 배우면 바보가 된다."

"내성적인 아이는 배우지 못한다."

"침묵이란 배움을 거부하는 것이다."

"사람은 질문을 주고받으면서 배워야 한다."

"가르침을 무턱대고 받아들이는 사람은 권력과 자기 자신을
부패하게 한다."

"사람은 잘 배워야 한다. 하지만 수동적으로 배우는 습관을
가져서는 안 된다."

윗글들은 유대인들에게 전해오는 속담과 《탈무드》에 나오는 구절이다. 하나같이 '질문과 토론'을 강조하는 것이 특징이다.

유대인은 어렸을 때부터 《탈무드》를 읽고 질문과 토론을 중심으로 학습하는 문화를 가지고 있다. 아이가 초등학교에 들어가기 전부터 가정에서 이야기 형식으로 된 《탈무드》의 내용을 아이의 눈높이에 맞춰 들려주면서 그 내용에 대해 질문과 대답을 주고받고 토론한다. 이렇게 공부할 때 서로 일대일로 질문하고 토론하면서 학습하는 방식을 '하브루타'라고 한다.

《부모라면 유대인처럼 하브루타로 교육하라》, 《하브루타 질문 독서법》 등 관련 책들이 많이 나와 있어서 학부모들도 하브루타라는 말이 꽤 익숙할 것이다.

하브루타를 한국에 최초로 소개한 고(故) 전성수 교수는 "하브루타는 서로 짝을 지어 질문하고 대화하고 토론하고 논쟁하는 것"이라고 정의했다. 하브루타는 '하베르', 즉 '짝'이라는 어원을 가지고 있다. '하베르'는 '친구'라는 의미도 있는데, '함께 토론하는 파트너'를 뜻한다. 이것이 '짝을 지어 토론하는 교육 방법'으로 확대된 것이다. '둘'이어야만 '말할 수 있는 기회'가 가장 많기 때문이다. 전성수 교수는 이에 대해 "말을 많이 한다는 것은 그만큼 생각을 많이 한다는 뜻이자, 말하지 않는 나머지 30분 동안 집중적으로 경청할 수 있다는 뜻이기도 하다"라고 설명한다.

하브루타는 잘 듣는 훈련과 제대로 말하는 것을 가르치는 유대인식 교육 방법이라고 할 수 있다. 세계 0.2퍼센트 인구로 노벨상 22퍼센트 수상자를 배출함은 물론 언론, 법률, 교수, 연예인, 경제 등 세계 각계각층의 전문가로 두각을 나타내고 있는 유대인의 창의성과 도전정신을 만든 교육 방법이기도 하다.

지금부터 유대인들의 교육법 하브루타에 대해 알아보자.

입으로 떠들어야
배운다

페이스북을 창업한 마크 저커버그(Mark Zuckerberg)가 창의성을 발휘할 수 있었던 비결은 무엇일까? 마크 저커버그는 어렸을 때 유대계 미국인 가정에서 자라면서 하브루타 교육을 받으며 대화와 토론을 통해 생각하는 법을 배웠던 것이 많은 도움이 됐다고 말한다. 게임을 하기보다 게임기를 분해하고 살펴볼 만큼 호기심이 많았던 그는 부모에게 늘 질문을 했는데, 유대인 부모는 자신들이 대답을 못하는 질문은 전문가를 불러와서 알려줄 정도로 열성적이었다.

이처럼 대화와 토론을 통해 비판적으로 사고하고 생각하는 법을 가르치는 유대인식 교육법이 바로 하브루타이다.

하브루타 교육은 아이가 초등학교에 들어가기 전부터 가정에서 시작된다. 학교에 입학해서는 교사와 학생이 토론하거나 학생들끼리 질문과 토론을 하는 등 하브루타 방식으로 수업이 진행된다. 부모, 자녀, 친구, 선후배는 물론 낯선 사람까지 짝을 지어 언제 어디에서든 토론할 수 있다.

'떠들어라, 그래야 배운다.' 이 말은 하브루타의 신조이다. 유대인의 전통적인 학습기관인 도서관 '예시바'는 《탈무드》를 학습하며 유대인의 가치를 배우고 연구하는 곳이다. 도서관인데도 예시바에서는 둘 이상이 마주 보고 앉아 목소리를 높여 떠드는 모습을 흔히 볼 수 있다. 유대인들은 예시바에서 마치 술집처럼 시끄럽게 떠들며 토론한다. '정숙', '조용히'라는 단어가 여기저기 붙어 있는 우리나라 학교나 도서관과는 상반되는 풍경이다.

도서관뿐만 아니라 학교 교실도 시장통보다 시끄럽다. 그러나 아무도 시끄러운 소리에 대해 불평하지 않는다. 유대인들은 우리나라처럼 조용한 교실은 '공동묘지'와 같다고 생각한다. 이렇게 시끄럽게 떠드는 것처럼 보이더라도 토론을 하면서 공부한다. 암기하거나 배워야 할 내용을 입으로 소리 내어 말하면 좌·우뇌 양쪽 뇌를 자극하고 기억력, 집중력이 더 좋아진다. 또한 서로의 생각과 견해를 주장하고 논쟁하면 내용에 대해 더 깊이 이해하고 통찰력을 기를 수 있다. 즉 유대인들은 하브루타를 통해 통찰력, 안목, 지혜, 비판적 사고력, 창의성 등을 키우는 것이다.

질문하는 법을 가르쳐라

'마따호쉐프?(너의 생각은 무엇이니?)'

유대인 부모나 교사들이 가장 많이 하는 질문이다. 사고력을 키우는 가장 좋은 방법은 의문을 갖고 질문을 하는 것이다. 유대인 부모는 자녀 스스로 생각을 정리할 수 있도록 계속 질문을 던진다. '너의 생각은 무엇이니?', '왜 그렇게 생각하니?' …. 꼬리에 꼬리를 무는 질문은 뇌를 격동시킨다. 즉 질문을 통해 '과연 옳은 생각인가?' '다른 대안은 무엇인가?' '다르게 생각할 수는 없는가?' 하고 생각하게 만든다. 유대인은 '답은 묻는 질문에 따라 달라진다'고 생각한다. 질문은 두뇌를 회전시켜 관찰자에서 참가자로 변화시키는 힘이 있다. 이렇게 질문하는 문화가 유대인이 창의성을 발휘하는 배경이다.

학교에서 뛰어난 학생들은 날카롭고 예리한 질문을 한다. 실제 유대인 학교에서도 수준 높은 질문을 하는 학생이 학급의 리더가 된다.

"이스라엘에서는 IQ 100짜리 범재도 영재로 길러내는 데 비해 한국 교육에서는 IQ 150의 천재도 바보로 만든다."

아셸 나임 전임 이스라엘 대사가 이스라엘 교육과 우리나라 교육을 비교하며 한 말이다. 《IQ 100의 천재, IQ 150의 바보》, 조선일보사, 1996)

우리나라는 아이들이 질문을 하면 바쁘고 귀찮다는 핑계로 그냥 넘기는 부모들이 많다. 아이들이 질문하는 바로 그 순간이 보이지 않는 잠재력과 능력을 키워가고 있는 때이다. 오늘부터라도 자녀가 질문하도록 자극을 주고 그 질문에 생각이 꼬리를 물고 이어지도록 가르쳐보자.

문제는 '지속성'이다. 세계 어느 나라보다 교육열이 높은 우리나라는 교육에 좋다고 하면 너도나도 따라 하는 경향이 있다. 그러나 바로 실행에 옮기기는 하지만 대부분 지속적으로 하지 못하고 단발성으로 끝나는 경우가 많다.

하브루타가 아무리 좋은 교육방법이라도 가정 교육부터 시작해 학교 교육 현장까지 지속적으로 교육해야만 성공적으로 자신의 것으로 체화할 수 있다.

세상을 리드하는 유대인의
후츠파 정신

'미국의 한 아이비리그 대학에서 중요한 시험이 있었다. 그런데 두 명의 학생이 갑자기 사라졌다. 한 명은 리비아, 다른 한 명은 이스라엘 학생이었다. 이스라엘과 중동국가의 전쟁이 일어났던 것이다. 자신이 징집당할까 봐 겁이 나 도망간 리비아 학생에 반해, 이스라엘 학생은 서둘러 본국으로 돌아가 군대에 자원했다.'

이스라엘 사람들의 민족성을 잘 나타내는 유명한 일화이다. 죽음도 불사하고 나라를 사랑하는 마음으로 전쟁을 치르는 자국으로 돌아가게 만든 힘은 무엇일까? 바로 유대인의 '후츠파(Chutzpah) 정신'이다.

후츠파란 히브리어로 '뻔뻔함, 담대함, 저돌성, 무례함'이라는 뜻인데, 유대인 특유의 도전정신을 일컫는 말이다. 유대인은 어린 시절부터 형식이나 권위의식이 없는 가정환경에서 끊임없이 질문을 하며 자란다. 때로는 버릇없고 무례하게 느껴질 정도로 자신의 주장을 당당하게 밝힌다. 유대인이 저돌적으로 도전하는 후츠파 정신은 이스라엘 창업 정신의 기반이 되어 세계 최고의 창업 민족을 만드는 근원이 되었다.

과학 발전을 위해 노력한 결과, 이들은 바닷물을 민물로 만드는 '해수의 담수화 특허'로 '네타핌'을 만들었다. 또한 80년대 전 세계가 석유파동(오일 쇼크)으로 어려움을 겪을 때 '원자력 안전 기술 특허'로 전 세계 원자력발전소 건립에 큰 공헌을 했다.

2000년대 이후 유대인이 개발한 최대 성과는 '인터넷 보안 특허'이다. 인터넷 보안 기술 'NDS', '체크포인트', 'ICQ', '페이팔' 등을 개발했고, 유대인이 개발한 특허는 전 세계 인터넷 보안 기술의 80퍼센트를 차지하고 있다. 지금 이 시간에도 세계인이 셋톱박스를 이용해 TV를 시청하거나 인터넷을 사용할 때마다 유대인이 꼬박꼬박 사용료를 챙기고 있다.

창의성의 토대가 된
후츠파 정신

유대인의 창의성의 특별한 비결, 후츠파 정신에 대해 알아보자. 후츠파 정신은 다음의 7가지로 분류할 수 있다.

1. 형식 타파(Informality)
2. 질문의 권리(Questioning Authority)
3. 섞임과 어울림(Mash-up)
4. 목표 지향(Mission-oriented)
5. 끈질김(Tenacity)
6. 실패로부터의 교훈(Learning from Failure)
7. 위험 감수(Risk-taking)

후츠파의 첫 번째 정신은 '형식 타파'이다. 유대인은 자녀에게 '베스트보다 유니크를 지향하라'고 가르친다. 유대인은 한국인과 다른 게 '남보다 뛰어나게'보다는 '남과 다른' 사람으로 키우려고 한다. 남들로부터 평가받는 1등보다는 남과 다른 나만의 독특한 영역을 만들라는 것이다. 이렇게 다름을 추구한 결과 20세기 최고의 입체파 미술가인 피카소, 위대한 과학자 프로이트,

영화감독 스티븐 스필버그 같은 사람이 나올 수 있었다.

두 번째, 후츠파 정신은 '질문의 권리'이다. 이때 질문의 권리란 '권위에 대한 질문'을 말한다. 유대인은 어려서부터 토론과 질문을 하는 교육을 받으며 성장하기 때문에 질문을 당연한 권리로 생각한다. 이러한 교육의 결과 20세기 최고의 물리학자인 아인슈타인을 길러냈다. "가장 중요한 것은 질문을 멈추지 않는 것이다. 호기심은 그 자체만으로도 존재 이유가 있다." 아인슈타인은 어린 시절 라틴어, 지리, 역사 과목에서 낙제를 했지만 낙담하지 않았고, "나침반의 바늘은 왜 시계처럼 돌아가지 않죠?" 같은 엉뚱하고 호기심 가득한 질문을 던지곤 했다. 이런 질문을 통한 상상력으로 상대성 원리라는 결론에 도달할 수 있었다.

세 번째, '섞임과 어울림' 정신이다. 유대인은 가족, 친구, 민족, 외국인과 섞이거나 어울리는 것을 좋아한다. 이러한 성향은 인맥을 넓히고 지식과 경험을 쌓는 데 도움을 준다. '섞임과 어울림'을 잘하려면 언어 능력이 뛰어나야 한다. 때문에 유대인은 보통 2개 이상의 외국어를 유창하게 구사한다. 경영의 아버지로 불리는 피터 드러커는 대학을 가지 않고 신문기자로 활동하며 어울림을 통해 지식을 발전시킨 유대인이다.

네 번째, '목표 지향'이다. 부자와 성공한 사람들의 특징은 목표 지향적이라는 것이다. 유대인의 목표 지향 정신은 경제와 공부 분야에서 두드러지게 나타난다. 유대인은 작은 목표를 달성하는데 만족하지 않고 인생의 목표를 세우고 달성하기 위해 노력한다. 특히 유대인은 경제적 풍요가 풍요로운 삶을 살기 위한 기본 조건이라고 생각해 돈과 경제에 대한 개념을 어렸을 때부터 철저히 교육한다. 유대인이 미국, 유럽 경제를 사로잡은 비결이다.

다섯 번째, '끈질김'이다. 유대인은 주변국들과 달리 자원이 부족한 척박한 사막의 땅에서 살 때도 끈질긴 후츠파 정신으로 항상 새로운 것에 도전했다. 유대인이 학문이나 사업 등의 분야에서 세계 최고의 업적을 남긴 것은 이 후츠파 도전정신 때문이다. 수없는 실패에도 불구하고 끈질긴 연구 끝에 위대한 발명가이자 과학자로 이름을 남긴 에디슨이 가장 대표적인 인물이다.

여섯 번째, '실패로부터의 교훈'이다. 사람들은 성공을 꿈꾸지만, 성공하기까지 수많은 실패를 감내해야 한다. 실패 속에 성공의 비결이 숨어 있기 때문이다. 유대인은 실패를 두려워하지 않고 실패를 통해 교훈을 얻어 성공의 요소로 바꾸는 힘을 갖고 있다.

일곱 번째, '위험 감수'이다. 이민자의 나라로 불리는 이스라엘이 이민자들의 일자리 창출을 위한 해결책으로 내놓은 것이 창업이다. 유대인에게 창업은 자신만의 아이디어와 상상력으로 일구어내는 블루오션이다. 그들은 포기하지 않고 계속 도전하면 반드시 기회가 온다고 생각한다. 그 결과 유대인은 세계에서 가장 많은 창업을 한 민족이 되었으며, 빌 게이츠와 마크 저커버그 같은 세계 최고의 부자를 만들어냈다.

우리나라의 인적 자원은 유대인이나 다른 어느 나라와 비교해도 손색이 없고, 각 분야에서 세계 최고의 능력을 보여주고 있다. 세계 유일의 분단국가이지만 전쟁 후 50여 년 만에 선진국 대열에 올라섰고, 올림픽을 성공적으로 개최했으며, 반도체를 비롯해 기술 분야에서 선두를 달리고 있다.

그런데 한국은 지금 4차 산업혁명 시대에 변화의 물결을 앞장서서 선도할 것인가, 아니면 좇을 것인가 기로에 서 있다. 역사를 살펴보면 변화에 적응하지 못하면 도태되거나 사라지게 된다. 그렇다면 변화의 속도에 도태되지 않기 위해서는 어떻게 해야 할까?

지금 우리나라 교육에 가장 필요한 것은 유대인의 도전정신인 '후츠파 정신'이다. 그동안 남보다 뛰어난 성적, 일등을 강조해왔다면 이제는 유대인의 후츠파 정신을 도입해 '남과 다른' 사람으로 키워야 한다. 주입식 교육이 아닌 토론과 질문 교육으로 상상력을 발휘할 수 있는 아이로 키워야 한다. 그러려면 아이들에게 '질문의 권리'를 주어야 한다.

　또한 우리 아이들이 단지 좋은 대학에 입학하고 대기업에 들어가 돈이 많이 버는 것을 인생 목표로 삼지 않도록 해야 한다. '목표 지향적 정신'을 심어주되 학교 공부만이 아닌 새로운 것에 도전하고 배우는 것에 목표를 두도록 해야 한다. 실패를 두려워하지 않으면서 '실패를 교훈' 삼아 성공의 밑거름으로 삼을 수 있도록 '끈질김'의 정신 또한 심어줘야 한다. 이러한 정신은 '위험을 감수'하는 용기에서 시작된다. '섞임과 어울림'을 경험하게 하여 글로벌 리더를 육성해야 한다.

　'베스트보다 유니크를 지향하라!'는 유대인 격언처럼 아이가 '유니크'한 인재가 될 수 있도록 지금부터 교육 방법을 혁신적으로 바꾸어야 한다.

공부, 하나만 바꾸면
결과가 달라진다

1학기 중간고사, 기말고사.

2학기 중간고사, 기말고사.

최소 5년 반복.

그리고 수능.

우리나라 중·고등학생들의 스케줄이다. 우리나라 학생들의 스케줄은 거의 비슷하다. 대부분의 시간을 학교에서 보내고 방과 후에는 영어, 수학 학원에서 보낸다. 그런데 이렇게 공부에만 모든 시간을 다 사용하는데도 특별한 일부 몇 명을 제외한 대부분 아이들의 성적은 변함이 없이 평균에 머무른다. 그나마도 사교육의 도움을 받지 않으면 성적을 유지하기 어렵고, 성적이 떨어질까 봐 두려워 학원에 다니는 아이들도 많다.

그런데 이런 공부가 효과가 있을까? 대부분 아이들은 대학 입학을 위해서만 공부하기 때문에 대학만 들어가면 공부는 안 해도 된다고 생각한다.

《New 공부기술》의 조승연 저자는 우리나라 학교나 학원 선생님들은 물론 학부모들도 자녀 또는 학생의 성적에는 민감하지만 '어떻게 공부해야 하는지', 심지어 '왜 공부해야 하는지'조차 분명하게 가르쳐주지 않는다고 일침을 가한다.

유대인과 한국 교육의
결정적 차이

유대인이 세운 이스라엘과 우리나라는 여러모로 유사한 점이 많다.

먼저, 1948년 우리나라는 정부를 수립했고, 이스라엘도 같은 해 독립을 선언해 국가를 수립했다.

지리학적으로도 비슷한 점이 있다. 우리나라는 해양과 대륙이 만나는 반도 국가이고, 이스라엘은 아시아, 유럽, 아프리카 세 대륙이 만나는 곳에 있다. 그래서 우리나라와 이스라엘 모두 외국의 침략을 많이 받았다.

가장 큰 공통점은 교육을 최우선으로 생각한다는 것이다. 한국인과 유대인은 모두 지하자원이 없는 곳에 살기에 인재를 양성해야만 나라가 부유해질 수 있다.

일제 강점기와 6·25 전쟁을 겪으면서 지독하게 가난하게 살았던 한국인에게 교육은 가난에서 탈출하고 성공할 수 있는 유일한 기회이자 지름길이었다. 유대인 또한 유럽에서 미국으로 건너왔을 때 무일푼에서 성공할 수 있는 방법은 교육밖에 없었다. 그래서 한국인과 유대인 부모들은 자식들의 교육에 집중했다.

그러나 한국인과 유대인의 공부 방법은 전혀 달랐다. 한국인의 공부 방법은 '선생님의 강의 듣기', '문제집 풀기', '선생님이 만들어준 요약 자료 암기하기'로 요약할 수 있다. 한마디로 듣고, 외우고, 시험 보고, 잊어버리는 '일회성 공부'를 한다. 그 결과 전 세계에서 가장 많은 시간을 공부에 투자함에도 노벨상 수상 등 창의력을 발휘해야 하는 분야에서는 두각을 나타내지 못하고 있다.

반면 유대인은 질문과 토론으로 자녀를 교육한다. "교사는 학생들에게 일방적으로 교육해서는 안 된다. 학생들이 듣기만 하는 교육은 앵무새밖에 길러내지 못한다. 학생과 주고받는 대화가 많을수록 교육 효과는 커지기 마련이다."《탈무드》에 나오는 말이다.

유대인은 질문이 없는 교육으로는 순응하는 인간밖에 기르지 못한다고 믿는다. 이런 교육 철학과 방법이 세계에서 가장 많은 노벨상 수상자와 우수한 글로벌 리더를 만들었고, 세계의 부와 학문을 지배하는 민족이 된 배경이다.

유대인의 교실과 우리나라의 교실 분위기를 비교하면 교육 방식이 얼마나 다른지 바로 알 수 있다. 유대인의 교실은 학생들끼리 토론을 하느라 시끌시끌하고, 교사에게 질문이나 답을 하기 위해 서로 손을 든다. 학생들의 목소리로 교실이 활기차다 못해 시끄러울 정도다. 그러나 우리나라 교실은 교사 한 사람의 목소리밖에 들리지 않고 질문도 하지 않아 조용하다. 학생들은 열심히 듣거나 받아적느라 바쁘다. 지난밤 학원 가서 늦게까지 공부하느라 피곤한 아이들은 수업시간에 잠을 잔다.

분명한 것은 그동안의 듣고, 외우고, 시험 보고, 잊어버리는 일회용 공부 방법으로는 창의적인 인재가 될 수 없다는 점이다. 이제라도 조용한 교실을 활발하게 만들어야 한다. 유대인처럼 시끌시끌한 교실을 만들어야 한다.

《스스로 답을 찾는 아이로 키우는 유대인의 자녀교육》을 쓴 저자 루스 실로는 주일 이스라엘 대사관인 남편을 따라 3년 동안 일본에 거주하면서 동양의 가정교육을 체험하게 된다. 그녀는 유대인 못지않은 한국인의 높은 교육열을 보고 깜짝 놀란다. 그리고 입시 위주의 획일화된 교육에 또 한 번 놀란다. 그녀는 "한국에서는 이웃집 자녀의 학습 방법을 자기 아이에게도 똑같이 가르치려고 한다. 반면 유대인은 모든 것을 어린이 위주로 생각한다. 또 유대의 어린이들은 절대로 엄마에게 감시를 받으면서 책상 앞에 앉는 일이 없다."라고 말한다.

한국은 유대인과 비교해서도 교육열이 높다. 한국인의 아이큐도 유대인보다 훨씬 높은 것으로 나온다. 그런데도 유대인과 한국인이 여러 면에서 엄청난 격차를 보이는 이유는 교육 방법에 있다고 지적한다. 나는 단 하나, 공부 방법만 바꾸면 우리도 그들을 따라잡을 수 있을 뿐만 아니라 훨씬 앞설 수 있다고 본다. 그 방법으로 일대일로 토론하는 하브루타, 다수 대 다수로 토론하는 디베이트를 추천한다.

하브루타나 디베이트는 혼자서 문제집과 씨름하는 것이 아니라 두 명 이상 짝이 되어 말로 질문하고, 토론하면서 공부하는 것이다. 이렇게 공부하면 하나의 정답이 아닌 다양한 해답을 추구하게 되고, 아이 스스로 생각하고 행동하게 만든다. 또한 해결하기 어려운 문제를 친구의 눈높이에 맞춰 설명하다 보면 설명하는 사람은 가르치면서 실력을 탄탄히 다지게 된다. 교육 전문가들이 말하는 최고의 공부 방법인 '런닝 바이 티칭(learning by teaching)', 즉 가르치면서 배우게 되는 것이다.

그런데 이렇게 토론하는 공부 방법은 한국 학생들에게 낯설고 부담스럽기까지 하다. 그동안 방에서 독서실에서 혼자 조용히 공부해오던 습관을 바꾸기도 쉽지 않다. 어떻게 하면 좋을지 다음 장에서 알아보자.

3장

최강의 공부법, 디베이트

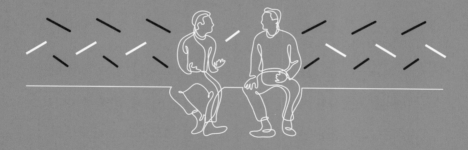

기존 토론과 디베이트는
다르다

"여보세요? 거기 논술학원이죠?"

학부모 상담 전화를 받으면 이렇게 묻곤 한다. 나는 현재 'K 디베이트코칭학원'이라는 토론 전문학원을 6년째 운영 중이다. 지금은 교육 과정마다 대기자가 줄을 설 정도이고, 영종도부터 인천 송도, 부천, 부평, 일산, 목동 등 먼 거리에서도 우리 학원을 다니는 아이들이 많을 정도로 반응이 좋지만 처음 시작할 때만 해도 학부모들이 디베이트에 관해 잘 몰랐다.

"디… 뭐요? 리베이트요?"

처음 학원 이름을 정할 때 가장 큰 고민은 대부분 학부모들이 '디베이트'라는 단어를 모른다는 것이었다. 나도 처음에는 디베이트를 잘못 알아들어 '리베이트'인 줄 알았다. 그래서 인터넷으로 검색까지 해보았다. 그 때문에 내 명함과 학원 간판에는 '토론 전문학원'이라는 말이 명시되어 있다. 처음 2년 동안에는 학원 교실 유리창이나 플랜카드를 건물 벽에 걸며 '토론 전문학원'이라는 이름을 크게 써놓기도 했다.

기본 토론 vs 디베이트

앞에서 최고의 인재를 만드는 유대인의 토론 교육 방식인 하브루타에 대해 설명했다. 하브루타가 일대일 토론이라면 디베이트는 다수 대 다수의 토론이다.

기존의 토론과 디베이트는 준비하는 방법에서부터 다르다.

만약 3대 3으로 토론을 진행한다고 가정해보자. 토론 주제를 정하면 바로 찬성할 사람, 반대할 사람으로 나누어 입장을 미리 선택하게 한다. 그리고 찬성 팀은 찬성 측 주장과 근거를 준비하고, 반대 팀은 반대 측 주장과 근거를 준비한다. 주장과 근거를 준비하는 시간도 길지 않다. 이후 팀원들이 모여 각자 자신이 생각하는 근거를 메모하고 토론을 시작한다.

토론이 이뤄지는 방식에도 문제가 있다. 토론에 참여하는 학생이 활달하고 적극적인 성격이라면 토론이 활발히 진행된다. 그러나 이런 학생들은 생각보다 많지 않다. 대부분은 어떤 내용을 주장해야 할지 알지만 떨려서, 또는 틀릴까 봐 말하기를 두려워하고 발언 기회를 얻지 못한다. 사회자가 이름을 거론해 발언 기회를 주면 그때야 자기주장을 펼친다. 이해력이 부족한 학생도 있다. 이런 학생은 토론 논제에 대한 이해 부족으로 무엇이 주장이고 근거인지, 다른 친구들이 무슨 이야기를 하는지 잘 몰라 눈치를 보며 그냥 앉아 있다. 대부분 우리나라 학생들은 두 번째에 해당한다. 그래서 토론을 시작하면 문제가 발생한다. 토론이 자기주장이 활발한 첫 번째 유형 학생 위주로 진행되는 것이다. 그렇다 보니 팀 토론이 아니라 개인 대 개인의 토론이 돼버린다.

또 다른 문제는 논리적이고 객관적인 토론 내용을 기대하기 어렵다는 점이다. 가장 큰 이유는 주장과 근거를 준비하는 시간이 짧고, 애써 준비한 주장과 근거가 대부분 주관적이라는 데 있다. 그 결과 토론에서 논쟁 대신 언쟁하는 모습만 보게 된다. TV에서 많이 보던 정치인들처럼 각기 자기주장을 내세우기에 급급하다. 처음 토론해보는 아이들의 경우 토론을 마치고 난 후 심하게는 친구들과의 관계가 소원해지기도 한다.

토론은 설득이다. 상대방을 설득하기 위해서는 내 주장만 펼쳐서는 안 된다. 누구나 옳든 그르든 자신만의 주장이 있기 마련이다. 이 주장을 설득하기 위해서는 반론과 질문이 중요하다. 상대방이 주장하는 부분에 대한 오류나 허점, 그리고 부족한 부분을 반론과 질문을 통해 드러내야 한다. 그러나 기존의 토론 방식은 자기 측의 주장만 준비했기 때문에 상대측의 오류나 허점, 부족한 부분을 파악할 수 없다. 반론을 하지 못한 채 내 주장만 펼치다 보니 결국 언쟁이 되고 마는 것이다.

이를 해결하기 위해서는 토론할 때 '형식'이 필요하다. 이렇게 형식이 있는 토론 방식이 바로 디베이트다. 디베이트는 '격식을 갖춘 토론. 자유 형식이 아닌 자신의 역할을 정하여 토론하는 방식'이다.

토론의 형식을
바꿔야 하는 이유

어른들도 토론할 때 형식이 없으면 특정 인물에게 발언권이 집중된다. 독서 논술지도사로 활동할 때 지인의 소개로 일요일 아침 일찍 진행하는 독서 토론 모임에 참석한 적이 있었다. 우리나라에서 책을 많이 읽는다는 사람들이 참여한다는 독서 토론 모임이었다. 하지만 내 기대와는 다르게 토론에 참여할 기회가 적어 재미도 없었고 실력도 키울 수 없다는 생각이 들었다.

모임에 참석한 사람들은 독서 토론을 할 때 책 안에서 나오는 객관적인 근거가 아니라 개인의 경험이나 주관적인 생각을 토론의 찬성이나 반대 근거로 내세웠는데, 회원들의 직업과 삶이 다양하다 보니 개인의 경험담에 치우쳐 이해나 공감이 어려웠다.

회원들의 참석률을 떨어뜨리는 가장 큰 원인은 몇몇 사람들만이 발언을 주도한다는 것이었다. 신입 회원이 발언할 기회를 얻기는 하늘의 별 따기였다. 다른 사람들도 나와 같은 생각이었는지 회차가 지날수록 회원들이 점점 나오지 않았다. 안타깝게도 그 모임은 몇 달 후 없어지고 말았다.

더 나은 독서 토론 방법은 없을까 고민하던 때 알게 된 것이 디베이트였다. 나는 디베이트 첫 수업을 듣자마자 무릎을 쳤다. 디베이트는 기존 토론 방식에서는 줄 수 없었던 재미와 긴장감, 순발력과 논리력, 판단력을 키워줄 수 있다는 확신이 들었기 때문이다. 그 이유는 다음과 같다.

디베이트 토론 방법

　　　　　　　　　　디베이트는 논제가 주어지면 팀원 모두 찬성과 반대에 관한 주장과 근거를 준비해야 한다. 만약 6명의 학생이 토론할 경우 3명은 A팀이 되고 나머지 3명은 B팀이 된다. A팀은 찬성과 반대에 관한 주장과 근거를 모두 준비해야 하고, B팀 또한 찬성과 반대에 대한 주장과 근거를 모두 준비해야 한다. 찬성과 반대의 주장과 근거를 준비할 때 '입론서'라는 형식의 글을 완성해야 한다. 입론서는 찬성과 반대 각각 A4 용지 한 장 정도의 분량으로 일정한 작성 형식이 있다. 이렇게 입론서를 준비하는 과정에서 기존의 토론에서 부족했던 논리적이고 객관적인 주장과 근거가 완성된다.

　　이런 준비과정을 마치고 난 후, 찬성 팀과 반대 팀을 나누게 된다. 팀을 나눌 때는 동전 던지기나 가위 바위 보로 정한다. 토론 참가자들은 찬성과 반대 입장 모두 알고 있고 근거가 있기 때문에 논쟁 중심으로 토론을 할 수 있게 된다.

　　디베이트의 특징은 다음과 같다.

　　첫째, 엄격한 규칙과 형식에 의해 진행된다.

　　둘째, 각각의 토론자가 맡아야 할 입장이 있으므로 토론 경험이 없거나 토론 능력이 부족하더라도 누구에게나 공평한 기회와 발언

| 입론서 |

논제			Debate Format	
논의 배경				
용어 정리				

논점		찬성팀 / 반대팀
쟁 점 1	주장	
	근거	
쟁 점 2	주장	
	근거	
쟁 점 3	주장	
	근거	

시간이 주어진다.

　이렇게 하면 아이가 자신의 의견을 말하지 못하거나 토론에
적응하지 못하는 일이 없으므로 학부모나 교사가 걱정하지 않아
도 된다.

독서 토론도 스포츠처럼 재미있게

'아이들은 재미를 좇아다닌다'라는 말이 있다.

30여 년을 아이들과 함께한 나로서는 정말 공감하는 말이다. 요즘 아이들은 어디서나 스마트폰 게임에 집중한다. 물론 게임을 많이 하다 보면 우리나라에서도 제2의 스티브 잡스나 빌 게이츠, 마크 저커버그가 나올 수도 있겠지만 한편으로는 자기가 좋아하는 다른 일을 찾았으면 하는 아쉬움이 있다. 게임에 익숙해진 아이들을 집중하게 하려면 재미있게 내용을 전달하고 가르쳐야 한다. 아이들이 좋아하는 게임처럼 공부도 재미있고 흥미 있게 할 수 있다면 더 좋지 않을까?

디베이트는 두뇌 게임 또는 지적인 능력을 동원해서 논리를 다투는 일종의 지식 스포츠, 즉 머리로 하는 운동 경기이다. 디베이트에 관해 좀 더 구체적으로 설명하면 '주어진 논제에 따라 찬성과 반대팀으로 나누어 엄격한 규칙 안에서 논리를 펼쳐가며 승패를 가르는 교육용 토론'이다. 이때 '엄격한 규칙'이란 '기회균등의 원칙'과 '정해진 시간'을 적용한다는 의미이다.

앞 장에서 기존 토론과 디베이트의 차이점에 관해 설명했다. 기존 토론의 가장 큰 문제점은 토론자 모두 골고루 발언 기회를 얻지 못한다는 것과 일부 사람에게 발언 시간이 집중된다는 것이었다. 이런 문제를 해결해주는 것이 '기회균등의 원칙'과 '정해진 시간'이라는 엄격한 규칙이다. 스포츠처럼 공정성이 유지되는 것이다.

디베이트가 스포츠와 비슷한 또 다른 점은 바로 '승패'를 가른다는 것이다. 공정한 규칙을 가지고 심사를 해 이긴 팀과 진 팀을 나눈다. 그러나 편파적으로 이기고 지는 승패를 나누는 것은 아니다. 디베이트는 승패를 판정하는 기준이 명시된 채점표가 있다. 이에 따라 승패를 가른다.

이기고 지는 승패가 있다 보니 디베이트를 하는 아이들은 긴장하면서 즐기고, 규칙에 따라 역할 수행을 잘하게 된다. 간혹 디베이트에서 승패를 가른다는 것에 대해 회의적으로 생각하는 이들이 있다. '요즘 아이들은 가뜩이나 경쟁이 심한데 디베이트에서조차 승패를 가르면 교육상 좋지 않다.'는 것이 이유다. 그러나 '승패'는 디베이트 경기에서 양념과도 같은, 좀 더 강력하게 말하자면 '당근과 채찍' 같은 것이다.

디베이트
토론 규칙

스포츠에는 엄격한 규칙이 있다. 축구는 전반전과 후반전으로, 야구는 1회부터 9회까지, 농구는 1쿼터부터 4쿼터로 나뉜다. 중간에 양 팀 모두에게 작전 타임이 주어진다.

디베이트도 스포츠처럼 형식과 규칙이 있다. 자신의 주장을 펼치고 상대의 반론을 방어하는 성벽을 쌓는 '입론(입안)', 상대팀의 논리적 오류를 찾아내는 '교차 질의', 상대방의 성벽을 허무는 '반론(반박)'이 있다. 마지막으로 판정단의 마음을 사로잡는 '최종 발언(마지막 초점)'을 한다. 디베이트도 스포츠처럼 작전타임이 양 팀에 공평하게 주어진다.

❶ 입론(입안)

❷ 교차 질의(교차 조사)

❸ 반론(반박)

❹ 최종 발언(마지막 초점)

먼저, 디베이트 논제는 찬성과 반대 입장을 명확히 할 수 있는 것으로 정해야 한다. 단, 디베이트를 할 논제는 의문형 논제가 아닌 명제형으로 해야 한다.

'사형제도, 폐지해야 한다(현재 우리나라는 사형제도가 법적으로 있기 때문에 현재 상황에 반하는 논제로 해야 함)', '선거 연령 만18세로 하향 조정해야 한다' 같은 논제를 정하면 좋다.

입론(입안)은 논제에 대한 자기 팀의 주장과 근거를 제시하며 그 주장을 정당화하는 과정이다. 입론의 내용에는 논제를 둘러싼 사회적 배경, 즉 논의 배경을 설명하고 핵심 용어의 개념을 정의하는 '용어정리'가 담겨 있어야 한다. 용어정리는 논제에 해당하는 개념만 정리하면 된다. 그리고 논점을 3~4개 항목으로 정리하고, 마지막으로 기대효과를 나열하면 된다.

디베이트의 핵심인 반론(반박)에 대해 알아보자. 반론은 상대 팀의 주장에 대해 허점이나 오류를 지적하는 것으로, 논리적이고 구체적인 근거를 들어 조목조목 밝히는 것을 말한다. 반론은 상대팀 근거의 타당성을 검토하는 단계로 근거와 논점과의 관련성, 근거의 사실성, 그리고 통계 자료가 근거를 뒷받침하기에 충분한지 따져보아야 한다. 그래서 반론은 검투사가 '창과 방패'를 가지고 결투하는 장면에 비유된다. 이처럼 반론은 디베이트를 역동적이고 흥미 있게 만드는 핵심 요소이다.

교차 질의(교차 조사)는 상대팀의 입론에 대해 반론을 펼치거나, 반론에 대해 재반론하기 위해 상대방의 발언 내용에 대해 질문하는 과정이다. 교차 질의란 '상대방이 말한 바를 조사한다'는 뜻이다. 교차 질의를 할 때는 상대팀이 스스로 오류나 허점을 인정할 수밖에 없도록 체계적이고 구체적인 질문을 해야 한다. 가장 좋은 질문법은 '소크라테스의 대화법(산파술)'이다. 소크라테스의 대화법이란 산파 본인이 직접 아이를 낳는 것은 아니지만 산모가 아이를 잘 낳을 수 있도록 도와주는 것처럼 대화의 상대방이 스스로 무지의 자각을 통해 진리를 터득할 수 있도록 하는 문답법이다.

마지막으로 최종 발언(마지막 초점)은 글로 따지면 '결론'에 해당한다. 지금까지 토론한 내용을 간략하게 요약, 정리하고 논제에 대한 자신의 입장을 청중을 향해 다시 알리는 단계이다. 이때는 자신의 입장을 대변할 수 있는 속담이나 격언, 또는 명언이나 일화 등을 스토리텔링 형식으로 말해 심사위원과 청중의 감성을 자극하고 선명한 인상을 남기는 것이 중요하다.

퍼블릭 포럼
디베이트 형식

최근 미국은 물론 우리나라 초·중·고등학생들이 가장 많이 하는 디베이트 형식 중 하나가 '퍼블릭 포럼 디베이트'이다. 디베이트 형식은 여러 가지가 있다. 퍼블릭 포럼 디베이트, 링컨 더글러스 디베이트, 팔리시 디베이트, 즉 세다(CEDA), 칼 포퍼 디베이트 등이 있다. 기존에 나온 디베이트 관련 도서에 디베이트 형식에 대한 내용이 자세히 소개되어 있기 때문에 이 책에서는 가장 대중적인 퍼블릭 포럼 디베이트에 관해서만 언급하겠다.

퍼블릭 포럼 디베이트를 제외한 모든 디베이트는 찬성 입장을 맡은 팀이 먼저 발언한다. 그러나 퍼블릭 포럼 디베이트에서는 동전 던지기나 가위 바위 보로 이긴 팀에서 찬성 또는 반대의 입장을 정하게 된다. 진 팀에게는 먼저 발언할 것인지 나중에 발언할 것인지를 결정할 수 있는 기회를 준다. 찬성과 반대의 구조는 2대 2로 진행된다.

발언 순서와 시간은 위 표와 같으며 1라운드부터 4라운드까지 차례로 진행된다. 3라운드의 '요약'은 퍼블릭 포럼 디베이트에서만 있는 형식이다. 각 팀 입장의 결론에 해당하는 부분은 마지막 초점이다.

디베이트는 전문 심사위원이 심판을 하게 되며 학부모들이 디베이트를 참관한다면 디베이트를 본 소감이나 개인적인 평가를 하면 된다. 디베이트를 평가할 때는 각 역할마다 주어진 임무를 충실히 수행했는지에 대한 세부사항과 스피치 능력, 그리고 매너가 가장 중요한 평가 요소가 된다.

구분	먼저 발언 팀	나중 발언 팀
1라운드	첫 번째 토론자 입안(4분)	첫 번째 토론자 입안(4분)
	첫 번째 토론자 교차 질의(3분) 1 : 1	
2라운드	두 번째 토론자 반박(4분)	두 번째 토론자 반박(4분)
	두 번째 토론자 교차 질의(3분) 1 : 1	
3라운드	첫 번째 토론자 요약(2분)	첫 번째 토론자 요약(2분))
	팀 교차 질의(3분) 팀 : 팀	
4라운드	두 번째 토론자 마지막 초점(2분)	두 번째 토론자 마지막 초점(2분)

※ 작전시간 : 팀당 2분

작전 타임은 입론을 마치고 난 후부터 디베이트가 끝나기 전까지의 과정 안에서 자기 팀의 발언 차례가 왔을 때 심판에게 작전 타임을 요청할 수 있다. 작전 시간은 디베이트 형식마다 다르며 팀당 정해진 시간 안에서 사용하면 된다. 작전 시간은 30초 내지는 1분씩 끊어서 사용할 수 있다.

이처럼 디베이트는 단순히 독서 토론처럼 감상을 말하고 끝나거나 난상토론을 하는 것이 아니라, 그 토론 논제에 대해 자료를 조사하고, 자신의 의견을 정리해 팀 대 팀으로 주장을 펼치는 것이다. 아이들은 입론서를 작성하면서 글쓰기 능력이 향상되고, 주장과 반론을 펼치면서 말하기 훈련도 된다.

디베이트를 하기 위해서는 배경지식을 쌓기 위해 독서를 할 수밖에 없고, 같은 팀은 물론 상대팀 토론자까지 함께하기 때문에 '지성의 동반자', 즉 친구를 만들 수 있다.

대한민국 입시생이 포기해야 하는 것이 세 가지가 있다고 한다. 바로 '친구, 독서, 운동'이다. 우리나라 학생들은 학습량이 너무 많기 때문에 친구 사귈 시간이 많지 않은데다, 반 친구조차도 서로 경쟁 상대가 되어야 하니 진정한 친구를 사귀기가 어렵다. 게다가 독서는 또 어떤가? 문제 풀 시간도 부족한 아이들에게 독서는 사치처럼 느껴진다. 이런 점에서 디베이트는 대한민국 학생들에게 꼭 필요한 활동임이 분명하다.

디베이트는
비판적 독해를 하게 한다

나는 매일 오전 독서 교육 프로그램에서 유치원이나 초등학교 자녀를 둔 학부모들을 만나고 있다. 그분들이 일부러 시간을 내 독서 교육을 받으러 오는 이유는 아이가 어릴 때부터 올바른 독서 교육을 해주고 싶다는 열망 때문이다.

어린 자녀를 둔 학부모들의 고민은 크게 두 가지이다.

첫째, 어떻게 하면 책을 많이 읽게 할 수 있을까?

둘째, 어떻게 하면 글을 잘 쓰게 할 수 있을까?

대한민국 학부모들은 아이가 태어나자마자 장르별로, 시리

즈별로 책을 구입해 미리 책장에 세팅해놓는다. 아이가 크면 엄마들끼리 서로 읽혀야 할 리스트 정보를 공유하거나 공동구매를 하기도 한다. 지역 도서관이나 평생학습센터에서 진행하는 독서 교육 프로그램은 항상 학부모들로 붐빈다. 그만큼 많은 학부모가 책 읽기를 중요하게 생각하고 있다. 문화센터나 도서관에 강의하러 가면 이런 질문을 자주 받는다.

"아이들이 읽으면 좋은 책 좀 소개해주세요."

그런데 '어떻게 하면 책을 잘 읽을 수 있을까?'에 대해 궁금해하는 사람은 별로 없다. 좋은 책을 추천해주어도 읽고 자신의 것으로 체화하지 못하면 독서하는 의미가 없다.

많은 학부모는 아이들이 책을 읽으면 독후감을 기대한다. 독후감을 통해 책 내용은 잘 알고 있는지, 어떤 것을 느꼈는지, 또 글쓰기 능력은 어떤지 가늠할 수 있기 때문이다. 독후감은 독서 후 자신이 몰랐던 사실이나 책을 읽고 느끼는 생각, 내용에 대한 감상 등을 형식에 구애받지 않고 자연스럽게 작성하는 글이다.

그런데 아이들이 쓴 독후감을 살펴보면 분명히 다른 아이들이 썼는데도 내용은 엇비슷하다. 문학의 경우 '주인공이 대단하다'거나 '가엾다'는 내용이 많고, 위인전은 '주인공의 업적이 훌륭해 존경한다거나 본받아야겠다'로 마무리된다. 비문학은 '이 책을 통해 ○○을 새롭게 알게 되었다'로 끝난다. '어느 부분이 대단한지', '왜 가여운지', '어떤 행동을 본받고 싶은지', '왜 그런 생각을 하게 되었는지'에 대한 자세한 설명이 없다.

　더 심각한 문제는 독후감에 주인공이나 사건 또는 결과에 대한 자신만의 비판적인 시각이 담겨 있지 않다는 데 있다. 학부모들은 아이가 이런 글을 쓰더라도 일단 독후감을 썼다는 데 만족하고 넘어가거나 혹은 '제대로 안 해?' 하고 아이를 야단치고 만다.

제대로 된
책 읽기

　　　　　　　독후감을 쓸 때는 '인물의 성격과 행동에 대해 잘한 점, 잘못한 점을 판단하며' 써야 한다. 이렇게 비판적 글쓰기를 해야 진짜 책을 이해하게 된다. 그러기 위해서는 아이들에게 '비판적 읽기'를 가르쳐야 한다. 여기서 '비판적'이란 말의 사전적인 의미는 '현상이나 사물의 옳고 그름을 판단하여 밝히거나 잘못된 점을 지적하는 것'이다. 그러나 현재 학교나 가정에서 이루어지고 있는 독서 교육은 비판적 읽기를 제대로 가르치지 못하고 있다.

영어, 수학 공부만큼 중요한 것이 책 읽기이고, 책 읽기 능력을 수백 배 이상 향상시켜줄 수 있는 교육이 바로 디베이트이다.

디베이트 준비의 시작은 비판적 읽기이다. 디베이트에서는 '토론에서 다루어야 할 가장 핵심적인 쟁점이 잘 드러나도록 선명하게 한 문장으로 만들어놓은 논제'가 주어진다. 이 논제에 대해 논증하기 위해서는 찬성과 반대의 주장과 근거가 필요하고, 이를 준비하려면 다양하고 많은 자료를 찾아 읽어야 한다. 아이들은 자료를 리서치하고 읽으면서 자료에서 제시하는 근거와 사례를 찬성과 반대로 구분해 머릿속에서 재구성하는 비판적 읽기를 해야 한다.

디베이트는 매주 혹은 격주로 논제가 달라진다. 토론자들은 경기 때마다 새로운 논제에 해당하는 글을 찾아 읽어야 한다. 다양한 글 읽기가 되는 것이다. 읽기에서 중요한 것은 비판적 독해와 다양한 글 읽기이다. 디베이트를 하게 되면 이것이 저절로 가능해진다.

특히 독서 디베이트를 준비하려면 책을 읽으면서 인물의 성격과 행동에 대해 잘한 점, 잘못한 점을 판단하여야 한다. 같은 대사, 같은 사건과 결과를 가지고도 찬성과 반대로 생각하는 경험을 한다. 그러니 독서 디베이트 경험이 많아질수록 비판적 독해가 저절로 가능해지는 것이다.

한국 아동문학의 선구자 방정환의 《만년샤쓰》를 살펴보자. 가난한 창남이는 눈먼 엄마와 함께 산다. 어느 날 불이 난 이웃을 위해 어머니와 창남이는 양말과 샤쓰 한 벌씩만 남기고 모두 이웃에게 주고 만다. 그마저도 어머니가 이웃에게 주고 나자 창남이는 자기 것을 어머니께 벗어주고 남은 것은 위는 양복저고리, 아래는 한복 바지였고, 그나마 다 떨어진 겹바지였다. 그 몸으로 맨발에 짚신을 신고 이십 리 길을 걸어 학교에 왔다. 사정을 알게 된 선생님과 친구들은 눈물을 흘리고, 그 후 창남이는 만년샤쓰라는 별명을 갖게 된다.

이 책으로 디베이트를 한다면 논제는 주로 '어려운 이웃을 도와준 창남이의 행동은 옳다'로 정해진다. 아이들은 디베이트를 위한 주장과 근거를 찾기 위해서 책을 읽을 때부터 창남이의 행동에 대한 찬성과 반대의 입장 모두를 찾아 메모하고 밑줄까지 그어가며 책을 읽어야 한다.

책을 읽고 난 후 초등학교 4학년 아이들의 의견 중 찬성 입장의 주장은 다음과 같다.

첫째, 창남이 덕분에 이웃이 따뜻해졌다.
둘째, 도움을 주면 나중에 자신도 도움을 받을 수 있다.
셋째, 창남이 엄마의 가르침이다.

반대의 입장에 대한 주장은 다음과 같다.

첫째, 창남이네 집이 더 가난해진다.
둘째, 창남이는 엄마를 보살펴야 한다.
셋째, 친구들에게 놀림을 받을 수 있다.

이렇게 창남이의 행동에 대한 평가가 바로 나온다. 물론 처음부터 찬성과 반대 입장 모두의 의견이 나오기는 어렵다. 그러나 몇 번 정도 디베이트 경험을 하면 머리를 쥐어짜지 않고도 읽고 난 후, 아니 읽으면서 바로 비평이 쏟아진다. 이것이 디베이트의 효과다. 그래서 디베이트를 하고 나서 감상문이나 수필을 쓰면 천편일률적인 글의 형태를 넘어 비판적 사고까지 보이는 멋진 글을 쓰게 되는 것이다.

안타깝게도 우리나라 사람들은 활자화된 작품을 성역처럼 여기는 경우가 있다. 그래서 비평을 담은 독후감 쓰기도 토론도 쉽지 않았던 모양이다. '비판적'이라는 말을 그냥 '딴지건다'로만 생각하여 비판 자체를 못마땅해 하거나 두려워하는 사회적 분위기도 있음을 무시할 수 없다.

누구나 비판적 관점으로 글을 쓸 수 있다는 것을 알게 해야한다. 특히 우리 아이들은 인공지능이 지배할 4차 산업혁명 시대를 살아가야 한다. 그래서 전문가들은 '세상을 바꿀 위대한 질문을 하라'고까지 주문한다. 우리 아이들이 세상을 바꾸는 위대한 질문의 시작은 '비판적 사고'를 하는 데 있다. 디베이트가 비판적 사고의 지평을 넓혀줄 것이다.

디베이트는
요약 능력을 키워준다

"일기 썼어?" "받아쓰기 틀린 문제 다시 써야지."

초등학교에 입학할 즈음부터 아이들은 틀린 문제를 몇 번씩 반복해서 쓰거나 일기 쓰기를 강요당한다. 이렇게 어릴 때부터 글쓰기를 강요당하다 보니 아이들에게 글쓰기는 지겹고 하기 싫은 일로 인식된다.

학교 시험과 대학 입시에서 글쓰기 능력이 점점 중요해지고 있다. 시험에서 서술형 평가와 논술형 평가가 더 확대되고 있고, 대학 입시에서 수시전형이 점점 확대되면서 각종 독후감 대회,

논술 대회, 과학토론 대회 등에서 좋은 성적을 거두는 것이 더욱 중요해지고 있다.

요즘은 상급학교를 진학하거나 취업할 때 자기소개서나 이력서를 써야 한다. 대학을 다니면서 공모전이나 대회에 참가할 때도 기획안을 제출해야 한다. 직장에서는 보고서나 제안서 등을 써야 한다. 이렇듯 우리는 평생 글쓰기를 해야 한다. 결국 글쓰기의 덕을 보기도 하고 글쓰기 때문에 스트레스를 받기도 한다.

대부분의 글쓰기는 '요약' 능력을 요구한다. 글쓰기의 가장 기본적인 형태인 일기는 내가 본 일, 들은 일, 한 일, 겪었던 일 중 인상 깊었던 장면을 요약하는 것이다. 자기소개서와 이력서는 학교생활이나 사회생활 등 그동안 자신이 쌓아온 커리어를 요약하는 글쓰기이다. 서술형 평가에서 좋은 점수를 받기 위해서는 출제자가 요구하는 답에 대한 요약 능력이 필요하며, 독후감 쓰기와 논술문 쓰기도 결국 요약을 요구하는 것이다.

"요약을 잘하는 것만으로 베스트셀러 작가가 되었다."

글을 잘 쓰기로 유명한 유시민 작가의 말이다. 베스트셀러 《거꾸로 읽는 세계사》는 "거의 100퍼센트 발췌 요약이었다."라고 유 작가는 회고한다. 그는 "요약은 텍스트를 읽고 핵심을 추려 논리적으로 압축하는 작업이며 글쓰기를 하려면 텍스트 발췌 요약부터 시작하는 게 좋다."고 권한다. 또 "'발췌'는 텍스트에서 중요한 부분을 가려 뽑아내는 것이고, '요약'은 텍스트의 핵심을 추리는 작업이다. 그래서 어떤 텍스트를 요약하려면 가장 중요한 정보를 담은 부분을 먼저 가려내야 한다. 효과적으로 요약하려면 정확하게 '발췌'해야 한다는 이야기다. 이렇게 보면 '발췌 요약'이라는 말은 '요약'이라고 줄일 수 있을 것"이라고 말한다.

(출처 :《유시민의 글쓰기 특강》, 생각의글, 2015.)

하지만 우리나라의 교육 현장에서는 이런 글쓰기 방법을 가르쳐주지 않는다. 이 방법을 가장 정확하게 배울 수 있는 것이 바로 디베이트이다.

요약 능력을 키우는
디베이트

요약이란 '말 또는 글의 중심 내용만을 간추려 정리하는 것'이다. 디베이트를 하기 위해서는 주어진 논제에 대한 자료를 찾는 리서치(Research) 활동을 해야 한다. 특히 시사 디베이트인 경우 리서치 활동이 매우 중요하다.

예를 들어 '학교 폭력 방관자를 처벌해야 한다'는 논제를 가지고 디베이트를 한다고 하자. 그러면 학생들은 학교 폭력의 실태, 방관자의 개념과 방관자 처벌 기준, 방관자로 인한 학교 폭력 증가 상황 등에 관련된 자료를 긍정적인 측면과 부정적인 측면으로 나누어 찾아야 한다. 특히 정책 논제인 경우에는 정책의 변화 또는 유지에 따른 대안, 즉 해결 방안까지 자료를 찾아야 한다. 그러기 위해서는 전문 서적은 물론 신문기사와 레포트, 심지어 논문까지 찾아보게 된다.

처음에는 대부분의 학생들이 리서치를 어려워하기 때문에 우리 학원에서는 아이들이 수업하기 전 해당 차시에 해당하는 논제와 함께 관련 자료를 미리 찾아 제공하기도 한다. 반복해서 수업을 하고 자료를 접하다 보면 아이들 스스로 논제와 관련된 자료를 찾게 되고 리서치 능력이 향상된다.

디베이트를 하려면 찬성과 반대의 주장과 근거를 정해진 시간에 글과 말로 표현할 수 있어야 한다. 그러기 위해 우선 주어진 자료를 읽고 여기에서 찬성과 반대의 입장을 논증할 수 있는 자료를 찾아야 한다. 다음은 근거에 대한 통계와 사례, 예시를 찾아 요약한다. 이렇게 리서치 하는 과정에서 행해지는 '발췌와 인용'은 요약 능력을 더욱 더 강화시켜주는 역할을 한다.

디베이트를 하는 동안에도 아이들은 상대팀 발언의 요점, 특징, 한계, 오류 등을 잡아내서 요약해야 한다. 요약된 내용은 나중에 반론이나 질문할 때 요긴하게 활용된다.

요약 능력을
실전에서 활용하는 법

　　　　　　　　독서 디베이트야말로 발췌 요약 능력이 절대적으로 필요하다. 우리 학원에서는 6학년 학생들을 대상으로 매달 과학 독서 디베이트를 시행한다. 그중 학생들에게 인기가 많은 책이 《두 얼굴의 에너지, 원자력》(길벗스쿨)이다. 이 책의 논제는 '원자력 발전은 멈춰야 한다'다. 이 책으로 디베이트를 하려면 텍스트를 읽고 핵심을 추려 논리적으로 압축해야 한다. 즉 텍스트에서 발췌 요약을 해야 한다는 말이다.

　　이 책을 읽고 학생들이 찾아낸 쟁점을 요약 정리하면 다음과 같다.

- ● 원자력 발전소의 안전성과 위험성
- ● 원자력 에너지의 경제적 효율성
- ● 원자력 폐기물에 대한 처리문제와 신재생 에너지의 개발문제

　　이렇게 요약된 내용을 중심으로 찬성과 반대의 주장과 근거가 결정된다.

　　찬성 입장에서 선택한 주장은 다음과 같다.

첫째, 원자력 발전소의 안전성을 믿을 수 없다.

둘째, 우라늄은 언젠가는 고갈된다.

셋째, 원자력 폐기물 처리가 어렵다.

반대 입장에서 선택한 주장은 다음과 같다.

첫째, 원자력 발전소는 안전하다.

둘째, 원자력 발전소는 경제적이다.

셋째, 원자력 발전소는 친환경적이다.

이렇게 디베이트 과정을 통해 논제에 대한 중요한 쟁점을 정확히 찾아내는 활동을 계속하면 요약 능력이 저절로 향상되게 된다. 이렇게 디베이트 과정을 통해 논제에 대한 중요한 쟁점을 정확히 찾아내는 활동을 계속하면 요약 능력이 저절로 향상되게 된다.

디베이트를 하면
스피치 훈련이 된다

재미있는 수수께끼가 있다. 한 번 맞혀보기 바란다.

'남녀노소, 동서고금 가릴 것 없이 세상 사람들이 가장 두려 워하는 것 세 가지는?'

정답은 다음과 같다. 긴장감을 주기 위해 세 번째부터 발표 해보겠다.

셋째, 내가 죽음을 맞이하는 것.

둘째, 사랑하는 사람이 죽어서 내 곁을 떠나는 것.

그리고, 사람들이 가장 두려워하는 것은

첫째, 많은 사람들 앞에서 말하는 것이다!

남 앞에서 말을 잘 못하고 스피치를 두려워하는 우리의 모습을 표현한 수수께끼이다. 학부모들이 자녀교육 문제로 고민하는 것 중 하나가 '발표력'이다. 나는 2002년부터 10년 동안 서울은 물론 수도권 일대의 백화점 문화센터에서 최소 하루 8시간 이상 만 30개월부터 성인을 대상으로 거의 매일 수업을 진행해 왔다. 특히 초등학생 수강생이 많았다. 어떤 때는 일주일에 400명을 대상으로 수업을 진행하기도 했다. 내 수업이 인기 있었던 이유 중 하나는 '발표력'이라는 키워드 때문이었다. 당시 내가 진행하던 강좌의 제목은 '발표력, 창의력 쑥쑥! 재미있는 독서 논술'이었다. 수업에 참여하는 학부모나 아이를 보내는 이들이 발표력을 정말 중요시한다는 것을 몸으로 느낄 수 있었다.

초등학교 저학년까지는 분위기 조성만 잘 해주면 아이들이 적극적으로 발표한다. 그러나 사춘기 아이들은 남 앞에서 말하는 걸 부끄러워하고 자신감 없어한다. 그래서 초등학교 고학년 이상 자녀를 둔 학부모들은 걱정이 많다. 상급학교로 갈수록 학교에서 각종 대회와 수행평가 등으로 발표해야 할 일이 많아지는데 학생들은 자기소개하는 것조차 어려워하기 때문이다. 스피치 교육을 받는다고 해도 발음과 발성 교육에 그치기 때문에 생각보다 스피치 능력이 향상되지 않는다. 게다가 누군가 작성해준 원고가 아니라 자기 생각을 말로 정리해 표현한다는 것은 더욱 어렵게 느낀다.

디베이트로
발표 매너를 익히다

자신감과 순발력, 논리적인 스피치 능력을 키워줄 수 있는 것이 바로 디베이트이다.

디베이트에서는 형식에 따라 발언 순서와 시간이 정해져 있다. 예를 들어 초중고 학생들이 퍼블릭 포럼 디베이트를 할 경우 각 팀 입론은 4분씩, 입론자끼리 교차 질의는 3분, 각 팀 반론은 4분씩 주어진다. 그 후 반론자끼리 교차 질의는 3분, 각 팀 요약은 2분씩, 팀 대 팀 교차 질의는 3분, 마지막으로 최종 입장 정리는 각 팀별로 2분씩 주어진다.

디베이트를 하기 위한 입론서와 반론, 질문, 최종 발언 준비를 마치고 난 후 가위 바위 보나 동전 던지기를 통해 각 팀의 찬성과 반대의 입장이 결정되면 토론자들은 각각의 역할을 맡는다. 입론과 반론을 할 때는 자연스럽게 말하는 것이 중요하다.

중요한 단어나 문장에 강약을 주면서 목소리 크기를 달리하면 더 설득력이 생긴다. 말하기 속도는 너무 빠르지 않아야 한다. 상대팀에게 질문을 할 때는 공손한 말과 매너 있는 태도로 하되 질문 내용을 짧고 간결하게 해야 한다. 물론 답변할 때도 간결하고 매너 있게 답변해야 한다. 이로써 자연스럽게 스피치 훈련이 시작된다. 연단에 섰을 때 바른 자세와 정확한 발음, 성량, 목소리의 높낮이, 청중과의 눈 맞춤 같은 스피치 전달 기술을 습득하게 된다.

우리 학원에서는 매주 역할을 바꿔서 경기를 한다. 지난주에 입론을 맡았다면 이번주에는 반론이나 최종발언을 맡는다는 뜻이다. 디베이트에서는 처음 온 학생도 예외 없이 역할을 맡아야 한다. 물론 처음부터 잘하지는 못한다. 그러나 정해진 시간만큼 나가서 발언하는 연습을 하고 같은 팀의 도움을 받아 하다 보면 아이들의 스피치 능력이 금세 향상되는 것을 느낄 수 있다.

청중과
시선을 마주하기

발표할 때 아이들이 어려워하는 것 중 하나가 청중과 시선을 마주하는 아이컨택이다.

대다수의 아이들은 스피치 경험이 많지 않다 보니 상대방의 눈을 바라보는 것을 쑥스러워한다. 또 말할 때 긴장하다 보니 아이컨택을 못하는 아이도 많다. 효과적으로 설득하려면 스피치를 할 때 청중이나 심사위원을 바라보며 말하는 것이 중요하다. 상대의 눈을 자신있게 쳐다보면 자신감 있게 보이고, 말의 신뢰성을 높일 수 있기 때문이다.

디베이트에서 가장 중요한 것은 매너 있는 태도이다. 그렇기 때문에 토론자는 모두 높임말인 경어체를 사용한다. 경어체를 사용하면 감정을 조절하며 말하게 되고, 상대방의 의견을 경청하게 된다. 이렇게 디베이트를 접하면서 입을 떼는 데 성공한 학생들은 '어렵지만 재미있어요', '아직은 잘 못하지만 발표를 어떻게 해야 할지 알 것 같아요'라고 소감을 말한다.

KBS 다큐멘터리 〈토론의 달인, 세상을 이끌다〉에서는 버락 오바마가 대통령이 2008년 미국 최초 흑인 대통령으로 뽑힌 결정적인 이유가 바로 사람들을 설득하는 탁월한 스피치 능력을 가진 토론의 달인이었기 때문이라고 분석한다. 오바마뿐만이 아니라 두 번이나 미국의 대통령을 역임한 빌 클린턴, 국무부 장관을 지낸 힐러리 클린턴 역시 중·고등학교 때부터 엄격한 스피치 교육을 받았다고 한다. 이외에도 미국 상원의원의 과반수 이상이 고등학교 때나 대학교 때 토론 대회에서 상위권을 차지한

'토론 선수'들이다. 토론을 활용한 스피치 훈련이 리더가 되는 데 큰 도움이 된다는 것을 알 수 있다.

대통령 선거 때도 각 후보자들이 TV 토론을 얼마나 잘 하느 나에 따라 지지율이 크게 좌우되고, 토론의 결과가 당선에도 결정적인 역할을 한다. 토론 능력이 후보자의 이미지와 리더로서의 능력을 돋보여주기 때문이다. 그러나 스피치 능력은 하루아침에 늘지 않는다.

스피치 능력을 높이고 싶거나 반장이나 학생회장이 되고 싶은 아이들에게 나는 디베이트를 해보라고 권하고 싶다. 디베이트 경험이 많아질수록 배경지식이 쌓이고 논리적인 사고를 할 수 있기 때문에 스피치 능력이 눈에 띄게 향상된다.

경청의 힘을 키워주는
디베이트

예수, 공자, 석가, 소크라테스의 공통점은 무엇일까?

첫 번째, 성인이다,

두 번째, '잘 듣는다'이다.

위에서 말한 성인들은 한결같이 듣기의 달인이다. 하지만 많은 사람들은 경청을 잘 실행하지 못하고 있다. 어떤 사람은 모임 자리에서 혼자서만 말한다. 또 어떤 사람은 남이 말할 때 듣지 않는다. 어떤 사람은 남이 말할 때 중간에 자르고 먼저 말한다. 모두 듣는 훈련이 안 된 사람들이다. 특히 요즘 아이들은 도서관이나 교실에서 조용히 공책에 필기하며 공부만 하다 보니 대화할 때 경청을 잘 못하는 편이다.

디베이트를 하면 자연스럽게 듣기 훈련이 된다. 우선 디베이트에 상대팀이 발언하는 입론, 교차 질의, 반론, 요약, 재반론 과정이 있어 경청을 할 수밖에 없다.

디베이트의 시작인 입론 과정에서부터 경청을 잘해야 상대팀의 주장과 근거를 정확히 이해하고 판단할 수 있다. 그래야만 구체적이고 논리적인 반론을 할 수 있다. 더불어 교차 질의 시간에 상대팀의 논점이나 발언 내용의 논리적 오류나 허점을 찾아내어 토론의 흐름을 유리하게 주도하게 해준다.

이렇듯 경청하는 자세가 승패에 큰 영향을 주기 때문에 디베이트할 때 토론자는 모두 조용하고 엄숙하다. 결국 상대팀에게 효과적으로 대응하기 위해 귀 기울이다 보면 자연스럽게 경청 능력이 향상되는 것이다.

경청이
중요한 이유

"말은 너무 많이 해서는 안 된다. 말하기보다 듣기를 두 배로 하라."

"하나님은 어째서 인간에게 두 개의 귀를 만들면서 입은 한 개만 만드셨을까? 그것은 말하기보다 듣기를 두 배로 하라는 하나님의 가르침이다."

《탈무드》에 나오는 중요한 가르침이다. 모두 듣기의 중요성을 강조하는 이야기다.

사람은 누구나 말을 하고 싶은 욕망을 가지고 있다. 다른 사람보다 더 많이 말하는 사람이 적극적이고 능력 있는 것처럼 보이기도 한다.

우리는 말 잘하는 사람이 성공하는 시대에 살고 있다. 그래서 《초등학생이 꼭 알아야 할 말 잘하는 50가지 방법》, 《말 잘하는 사람들의 1퍼센트 비밀》, 《말 잘하는 아이가 공부도 잘한다》 등 말 잘하는 방법을 가르치는 책이 무수히 쏟아져 나오고 있다.

말 잘하는 법을 가르치는 교육기관도 많다. 아나운서가 운영하는 스피치 학원부터 유명 강사가 직접 가르치는 고가의 아카데미, 웅변학원이 성업 중이다. 면접을 준비하는 수험생이나 취업 준비생들은 말하기 기술을 배우고자 비싼 비용을 들여서 학원에 다니거나 개인 코칭까지 받는다.

그런데 우리 주변에는 말 잘하는 방법을 가르쳐주는 곳만 있고 듣기 잘하는 방법을 가르치는 곳은 없다.

청소년들 권장도서 중에 미하엘 엔데의 작품 《모모》가 있다.

동네 사람들은 무슨 일이 생기거나 서로 다투는 일이 생기면 소설 속 주인공 모모를 찾아간다. 모모를 만나면 그 일들이 해결되기 때문이다. 모모에게 특별한 능력이 있어서 해결해주는 것은 아니다. 모모가 가지고 있는 유일한 능력은 다른 사람의 말을 끝까지 듣기이다. 잘 듣는 것만으로 모든 복잡한 문제를 해결하는 것이다.

비판적으로 사고하는 능력을 키우기 위해서도 경청하는 태도를 가져야 한다. 교육부에서 주관한 '광복 70주년 기념 전국대학생토론대회'에서 대상을 차지한 학생들은 토론을 할 때 가져야 할 가장 중요한 자세로 '경청하는 태도'를 꼽았다. 경청하는 태도는 상대방의 입장에서 생각해보게 하고 공감할 수 있게 해주어 논리력 향상에도 큰 도움이 된다.

디베이트의 장점, 에세이 쓰기 능력을 키워준다

내가 독서논술지도사로 활동하면서 가장 고민한 점 중 하나는 아이들이 글쓰기를 지겨운 활동으로 생각하지 않고 즐기게 만들려면 어떻게 할까였다. 그래서 나 나름대로 수업지도안을 만들기 시작했다. 논술 지도를 할 때 아이들이 지루해하는 워크지를 과감히 없앴다. 설명글을 쓸 때는 샌드위치나 김밥, 만두 등을 만들어 먹으면서 요리 순서에 관한 레시피 작성하는 것으로 설명글 쓰기를 연습하도록 했다. 아이들이 직접 요리를 하고 난 후 레시피를 작성하니 쉽게 설명문을 쓸 수 있었다.

또 사생글을 쓸 때는 봄이나 가을에 돗자리와 간식을 싸가지고 숲이나 공원으로 나가 나뭇잎 모양과 색깔이 변화된 모습을 자세히 관찰하며 글을 쓰게 했다. 그날의 분위기나 아이들 컨디션에 따라 간식을 먹거나 게임을 하면서 글을 쓰면 아이들은 지루한 글쓰기 수업이 아니라 소풍을 온 것 같다며 즐거워했다. 이러한 과정은 글쓰기는 지루하고 어려운 것이라는 선입견을 없애기에 충분했다.

문제는 아이들의 글쓰기 실력을 키워주는 일이었다. 나는 평생 유용하게 사용해야 할 에세이 쓰기 능력을 향상시켜주고 싶었으나 아이들은 쓰기를 어려워했다. 이런 아이들을 보며 '내 실력이 부족해서 아이들이 어려워하는 것은 아닌가?' '글쓰기에 흥미를 느끼게 하려면 어떻게 해야 할까?' 하는 고민을 하기도 했다. 그러나 디베이트를 알게 되면서 내 실력이 부족한 것이 아니라 방법이 문제였음을 알게 되었다.

글쓰기 능력을
향상시키려면

2022학년도 대학수학능력시험 문항에 서술형(논술형 포함) 문제를 추가하는 방안을 교육부가 검토중이라고 한다. 기존의 '객관식 위주'에서 '객관식+서술형' 조합으로 전환하겠다는 것이다.

그런데 우리 아이들이 가장 어려워하고 싫어하는 것 중 하나가 글쓰기다. 김주환 교수가 조사해 발표한 한국교육과정평가원의 '교육 과정 평가 연구' 논문에 따르면 '우리나라 중학생들의 언어 능력 중 글쓰기 능력이 많이 부족한 수치를 보였는데, 작문 점수는 평균 100점 만점에 49.53점에 불과했다. 특히 다른 장르에 비해 설득하는 글쓰기 능력이 상대적으로 떨어지는 것으로 나타났다.' (참고 : 「세계일보」, "우리나라 중학생들의 작문 능력 실태 조사 연구", 2017. 3. 5.)

여기에서 말하는 글쓰기는 우리가 흔히 말하는 '논술'이다. 논술이란 논리적으로 이치에 맞게 서술하는 것, 또는 어떤 문제에 대하여 자기 생각이나 주장을 논리적으로 풀어서 서술하는 것을 말하며, 디베이트에서는 '에세이'라고 부른다. 에세이는 자신의 생각을 글로 정리하는 것인데, 단순히 독후감 형식으로 쓰는 감상문 정도가 아니라 일정한 형식이 있다. 즉 서론, 본론, 결론으로 나누어 자료와 근거를 제시하고 논리적으로 글을 작성해야 한다.

미국 대학 입시에서 가장 중요하게 여기는 것이 바로 에세이다. 입학 때뿐만 아니다. 하버드 대학교에서는 1,600여 명의 신입생들을 대상으로 글쓰기 과정을 교육한다. 대체적으로 교수들은 학기당 15명으로 구성된 반 두 개를 맡아 한 학기 최소 3편의 글을 쓰게 하고 일대일로 토론한다. 이렇게 하다 보니 하버드 대학교 학생들이 4년간 제출한 글은 273킬로그램을 넘을 정도라고 한다. 아이비리그 대학에서는 글쓰기를 못하면 졸업하기도 어렵다.

"글쓰기를 하면 생각을 명확하게 정리하게 되고, 그것을 표현하는 능력을 키울 수 있다."라고 하버드 대학교 토마스 젠 교수는 말한다. 그렇다면 어떻게 해야 글쓰기 능력을 향상시킬 수 있을까?

디베이트는 찬성과 반대로 나누어 토론하는 형식 자체가 에세이 구조와 같다고 볼 수 있다. 에세이는 서론과 본론, 결론으로 구성된다. 디베이트에서는 입론에서의 논의 배경이 도입부, 즉 서론에 해당된다. 찬성과 반대의 주장 1과 근거, 주장 2와 근거, 주장 3과 근거, 그리고 반론은 에세이에서 본론에 해당된다. 그리고 디베이트에서의 최종 발언은 에세이의 결론과 같다.

디베이트 프로그램에서는 디베이트가 끝날 때마다 학생들에게 에세이를 쓰게 한다. 그러니 디베이트를 하는 것 자체가 에세이의 논리를 연습하는 것과 같다. 결국 디베이트를 잘하면 에세이를 저절로 잘 쓰게 되는 것이다. 디베이트는 말로 상대를 설득하는 것이고, 에세이는 글로 상대를 설득하는 것이기 때문이다.

진정한
피드백이 되려면

에세이에서 중요한 것이 피드백이다. 대부분 에세이 작성 후 교사가 학생의 글을 피드백해준다. 하지만 학생들은 대부분 교사가 준 피드백을 눈여겨보지 않고 그냥 넘어간다. 또는 교사가 해준 피드백에 대해 왜 이러한 문장이 논리적이지 못한지, 어떠한 근거가 불충분했는지 깊이 생각하지 않고 받아쓰기를 하듯이 수정해버린다. 이렇게 하면 다음에 에세이를 작성할 때 똑같은 실수를 반복하게 된다. 이러한 문제점을 보완할 수 있는 것이 바로 디베이트의 '동료 평가'이다.

우리 학원에서는 중학생을 대상으로 '융합독서 디베이트 심화과정'을 진행하는데, 디베이트를 한 후 에세이를 작성하고 나면 동료 평가를 한다. 학생들끼리 둘씩 짝지어 서로의 글을 마치

선생님이 된 것처럼 피드백하는 것이다. 학생들은 교사가 준 평가기준표에 맞춰 친구의 글을 평가하는데, 이렇게 평가를 해보는 것이 다음에 글 쓰는 데 많은 도움이 된다. 이러한 과정을 통해 자신의 글을 읽거나 쓸 때 글의 내용이나 구조, 표현 양식 면에서 자신이 어떠한 항목을 잘하거나 부족한지를 파악할 수 있는 능력을 가지게 된다.

디베이트는 미리 써놓은 것을 그대로 읽는 것이 아니기 때문에 완벽한 논리적 체계를 갖추기는 어렵다. 그러나 디베이트를 마치고 난 후 에세이를 쓰게 되면 디베이트를 통해 자기 의견을 정리한 후에 글을 쓰게 되므로 글을 더욱 논리적으로 작성할 수 있게 된다.

디베이트 후 에세이를 작성하면 미리 조사해 놓은 자료와 입론서 등 쓸거리가 이미 준비되어 있으므로 좀 더 쉽게 쓸 수 있다. 이는 아이들의 글쓰기 부담을 줄여주는 역할을 한다. 또한 디베이트 내용을 토대로 글을 쓰기 때문에 경기 중에 드러났던 오류나 허점, 부족했던 부분을 다시 정리하거나 보충하게 된다. 이 과정을 통해 아이들의 토론 능력과 에세이 실력은 빠른 속도로 향상되는 선순환이 이루어진다.

과정명	학년	교육내용
유아독서하브루타	7세	탈무드 · 우화 · 초등1학년 교과관련 그림책
그림책독서디베이트	초등1~2학년	다양한 장르의 그림책 (판타지, 사실주의, 옛이야기, 정보, 패러디)
교과독서디베이트	초등3~4학년	시사 · 교과도서 및 교과관련도서
한국사디베이트	초등5~6학년	삼국시대, 고려시대, 조선시대, 근현대사
융합독서디베이트 기초과정	초등6~중등1	다양한 분야의 독서디베이트 (세계사(고대~중세), 과학, 사회, 경제, 문학(현대 · 고전), 시사)
융합독서디베이트 심화과정	중 · 고등	'세계사'를 중심으로 한 '그물망공부법'프로젝트 수업 (세계사(르네상스~현대), 과학, 사회, 경제, 문학, 미술, 음악, 영화)

K디베이트코칭학원 커리큘럼

4장

한국식 디베이트가
필요하다

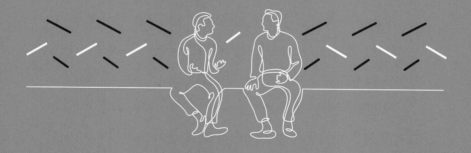

디베이트, 쉽게 시작하는 법

말을 물가에 데려갈 수는 있어도 억지로 물을 마시게 할 수는 없다는 말이 있다. 마찬가지로 아이들을 물가로 데려갈 수는 있어도 억지로 물을 마시게 할 수는 없다.

이 말의 의미는 물을 마시는 주체는 결국 '아이'라는 것이다. 그런데 물을 마셔보지 않은 아이라면 그 물이 뜨거운지 차가운지, 쓸쓸한 맛인지, 달콤한 맛인지 알 수 없다. 물 마시기를 주저하는 아이에게 갖가지 유혹의 말로 한 모금 정도는 마시게 할 수도 있을 것이다. 그러나 정말 아이에게 필요한 생명수와도 같은 물이라면 유혹하거나 강요하지 않아도 계속 마시게 해야 한다.

어떻게 하면 그 물을 스스로 계속 마시게 할 수 있을까? 아이들이 아프면 약을 먹어야 한다. 약의 종류는 여러 가지다. 그중 아이들이 주로 먹는 시럽 약은 어른들이 먹는 약과는 다르게 아이들이 좋아하는 달콤한 맛이 첨가되어 있다. 색깔도 알록달록 예쁘다. 맛이 달콤하고 예쁘다 보니 아이들은 거부감 없이 시럽 약을 먹게 된다. 어느새 아픈 증상은 완화되고 완치된다. 이런 경험을 한 아이는 다음에 또 그런 증상이 나타나면 기꺼이 그 약을 먹는다.

게임처럼 느끼게
만들어라

앞장에서 디베이트는 '격식을 갖춘 토론. 자유 형식이 아닌 자신의 역할을 정해 토론하는 방식'이라고 소개했다. 그러나 디베이트의 '형식'은 디베이트를 처음 접하는 아이들에게 큰 부담이 될 수 있다. 디베이트의 형식을 갖추기 위해서는 리서치를 해야 하고 준비할 것이 많기 때문이다. 처음 시작하는 아이들에게는 시럽 약이나 당위정처럼 달콤한 맛을 느끼도록 해 디베이트를 쉽게 생각하게 해야 한다.

디베이트를 하려면 먼저 말문을 트게 해야 한다. 그러나 어릴 때부터 주입식 교육에 익숙한 우리 아이들에게 말하기는 생각보다 쉽지 않은 일이다. 많은 사람들 앞에서 말한다는 것은 스트레스를 받는 일이다. 어떤 사람은 해야 할 말을 잊어버리거나 부끄러워서 더듬기까지 한다. 연단 앞에서 말을 해야 한다면 마이크 공포증에 시선 공포, 연단 공포증까지 더해진다.

아이들은 토론을 잘하기 위해서는 아는 것이 많아야 한다는 생각 때문에 더욱 소극적인 태도를 보이기 쉽다. 토론의 형식에 익숙하지 않거나 토론에 필요한 자료나 경험이 부족한 아이들일수록 발언을 꺼린다.

아이들의 말문을 트게 할 수 있는 방법은 바로 '디스커션'이다. 디스커션이란 우리말로 '토의'를 뜻한다. 구체적으로 말하면 '여러 사람이 함께 모여 공동의 주제를 가지고 각자 다른 자신의 의견을 나누는 것'이다. 그러나 이것조차 처음 해보는 아이들에게는 쉽지 않다. 내가 가르쳐본 경험으로는 오히려 디베이트보다 더 어려워하는 것이 디스커션이다. 그래서 필요한 것이 '형식이 있는 디스커션'이다. 형식이 있다고 해서 준비 시간이 오래 걸리거나 어려운 것은 아니다. 오히려 형식이 다양해 아이들이 게임처럼 재미있어 한다.

피라미드 토론법

저학년부터 고학년까지 아이들이 재미있어 하는 방식 중에 '피라미드 토론'이 있다. 먼저 1대 1로 상대방과 토론 및 토의 과정을 거쳐 합의를 본 후, 다시 2대 2로 4명이 함께 토론을 거쳐 합의를 이루어나가는 방법이다. 피라미드 토론은 본인의 주장을 견고하게 하면서 상대방을 이해·설득시키는 훈련을 하는 쉽고 재미있는 토론 방법이다. 준비물은 A4 용지 1/4 크기로 자른 카드 각각 4장씩과 매직펜이다.

예를 들어 '21세기 리더가 갖추어야 할 자질은 무엇인가?'라는 논제가 주어지면 토론자 각자가 생각하는 리더가 갖추어야 할 4가지의 자질을 4장의 카드에 나누어 적는다. 각자 기록한 4장의 카드를 가지고, 옆에 앉은 사람과 1대 1로 짝을 이루면 카드는 총 8장이 된다. 이 8장의 카드 중에는 같은 내용이 있을 수 있고, 같은 내용이라도 표현을 달리한 것도 있을 것이다. 같은 내용이나 비슷한 내용의 카드가 있다면 둘 중 하나는 테이블 가운데에 뒤집어놓고 나머지 한 장은 안 보이는 곳에 넣는다. 나머지 남은 카드로 두 사람이 주장, 반론, 질문을 하면서 토론을 시작한다. 상대방을 설득해 내 카드 내용을 인정하게 만든 후 상대방이 인정한 카드는 테이블 가운데 뒤집어놓는다. 이렇게 뒤집힌 카드가 모두 4장이 되면 토론과정이 끝난다.

이러한 과정을 통해 아이들은 자기의 생각을 상대방에게 표현하고 합의 및 관철시키기 위한 설득과정과 대화를 경험한다. 1대 1 토론 과정이 끝나면 2대 2, 그다음은 4대 4로 진행하면 된다. 사용하는 카드의 개수는 토론자의 연령과 토론 논제에 따라 적절하게 조절할 수 있다. 마치 카드 게임하는 것처럼 진행되기 때문에 처음 토론을 하는 아이들도 피라미드 토론은 재미있어 한다.

이외에도 두 가지 견해를 사이에 두고 공정하게 판결해볼 수 있는 토론 방법으로 '두 마음 토론'이 있다. 또 하나 '신호등 토론'은 신호등 이미지의 카드를 이용해 토론자의 의견을 들어보고 그 이유를 설명하게 하는 방법으로 특정 주제를 깊이 있게 논의 할 때, 또는 여러 종류의 주제에 대해 간단하게 살펴볼 때 활용하면 좋다.

지금까지 소개한 디스커션 방법은 찬반 토론의 형식을 가미하기 때문에 몇 번 정도 하고 나면 자연스럽게 말문이 트인다. 또한 토론의 재미와 함께 주장, 반론, 질문의 방법을 익힌다. 중요한 것은 위와 같은 토론을 하기 전에 자신의 생각을 노트에 정리하는 것이다. 이 과정 없이 바로 토론에 들어가면 생각이 정리되어 있지 않아 자신 있고 활기차게 토론하기 어렵다.

즐거운 경험을
만들어주어라

"스케이터라는 존재가 처음으로 가슴속에 들어온 날은 초등학교 1학년 때 아이스쇼 '알라딘'을 본 날이다. 화려한 코스튬과 우아한 동작, 아름다운 음악, 눈을 뗄 수 없을 만큼 황홀한 모습이었다. 그 동작 하나하나를 눈으로 좇느라 내용은 전혀 기억에도 없었다."

대한민국의 자랑, 피겨 스케이팅의 여왕 김연아 선수가 《김연아의 7분 드라마》(중앙출판사, 2010.)에서 한 말이다.

만약 스케이트를 처음 탄 김연아 선수가 스케이트를 타다가 심하게 넘어졌거나 초등학교 1학년 때 '알라딘'이라는 아이스 쇼를 보고 황홀감을 느끼지 못했다면 김연아 선수는 '세계 최고의 피겨 스케이팅 선수'라는 명성을 얻지 못했을 것이다. 또한 대한민국 국민들은 밴쿠버 올림픽의 금메달을 딴 감동의 연기를 보지 못했을 것이다.

누구에게나 처음은 있다. 그 처음이 김연아 선수처럼 재미있고 황홀한 경험으로 다가온다면 깊이 빠져들 수밖에 없다. 아이들이 디베이트를 시작할 때도 쉽고, 재미있는 경험으로 만들어주는 것이 학부모와 교육자의 역할이다.

디베이트,
영어·수학만큼 중요하다

　　예비 초등학생인 일곱 살 태희는 적극적인 아이라서 친구도 금방 사귀고 선생님과 대화도 잘하는 아이다. 그러나 태희는 자신감이 넘치다 보니 다른 친구 이야기를 경청하지 않는 나쁜 습관이 있었다. 자기 말만 하고 짝의 질문을 귀 기울여 듣지 않다 보니 아이들이 같이 놀지 않으려고 해서 왕따 아닌 왕따를 당하기도 했다.

　　태희는 재원생의 소개로 우리 학원의 하브루타 수업에 참여하게 되었다. 7세 수업은 우화, 탈무드를 텍스트로 독서 하브루타 수업을 하고 있다. 하브루타 수업을 할 때는 짝과 같이 진행해야 하는데, 태희가 자기 말만 하려고 하다 보니 짝의 불만이 많아 수업이 제대로 진행되지 않았다.

아직은 경청의 중요성을 모르는 나이지만 태희에게는 경청의 경험이 중요했다. 그래서 나는 '오늘은 경청왕 뽑는 날!'이라고 이름을 지어 경청을 잘하는 친구에게 스티커를 준다고 했다. 태희는 적극적인 아이이기 때문에 경청왕이 되기 위해 짝의 질문과 답변에 귀를 기울였다. 태희뿐만 아니라 다른 친구들도 스티커 받을 욕심에 열심히 경청했다. 하브루타가 끝나고 난 후 태희는 "경청을 하니까 짝이 친절하게 말해주었고 오늘은 다투지도 않았다."라고 말했다. 매주 이렇게 훈련하면서 태희의 경청 능력은 몰라볼 정도로 발전했고, 3년째 다니고 있는 지금은 부쩍 어른스러워졌다.

영어, 수학보다
중요한 것이 독서

우리나라 아이들은 방과 후나 주말에는 어른들보다도 더 바쁜 생활을 하고 있다. 사교육을 받아야 하기 때문이다. 아이들이 배우는 과목은 대체적으로 연령에 따라 정해져 있다. 유치원생부터 초등 저학년까지는 주로 태권도와 피아노, 미술, 영어, 그리고 공부방을 다닌다. 그리고 최소 한두 가지 학습지를 한다. 요즘에는 축구나 야구를 가르치는 학원에 다니는 학생들도 많다.

초등 3~4학년이 되면 좀 더 과목이 세분화된다. 그동안 영어를 배우지 않던 아이들도 이때부터는 영어를 배우기 시작한다. 수학 학원도 학교 교과과정을 가르치는 내신 위주의 학원과 사고력 수학을 가르치는 곳으로 나뉘는데 둘 중 하나 정도는 다닌다. 어떤 아이들은 수학 학원을 두세 군데 다니기도 한다. 거기에 주말마다 여러 종류의 체험 수업을 받는 경우가 많다. 그래서 아이들은 주말에 더 바빠진다.

요즘은 초등 고학년까지 시험이 없어졌는데도 학원을 다니느라 바쁘다. 초등학교 때 학원에서 중학교 수업을 선행 학습하기 때문이다. 초등 고학년부터 고등학생까지는 영어, 수학, 국어 학원을 주로 다닌다. 학년이 올라가면서 학교 수업시간도 늘어나다 보니 아이들은 그야말로 숙제하기에도 바쁘다. 그러다 보니 아이들이 현실적으로 책 읽을 시간이 없다.

우리 학원에 상담하러 오는 고학년 자녀를 둔 학부모 중에는 3~4학년까지는 독서지도를 배우고 4~5학년부터는 토론을 배워야 할 것 같아서 찾아왔다는 분들이 많다. 독서지도에도 시작과 마무리 연령이 정해져 있고 토론지도에도 적정한 연령이 있다고 생각하는 것이다. 대부분의 학부모들은 초등 3~4학년 이상만 되면 학습에만 매달려 독서는 관심 밖으로 밀려난다.

2장에서 소개한 유대인은 돌이 갓 지난 무렵부터 13세까지 자녀에게 책을 읽어준다. 특히 안식일에는 가족 모두가 집에 모여 독서와 하브루타를 한다. 즉 가족이 함께 책을 읽고 질문과 토론을 한다. 유대인이 세계 최고의 인재를 키울 수 있었던 배경은 독서와 하브루타 때문이다.

읽는 습관
어릴 때 만들어주어야 한다

어릴 때부터 정답이 정해져 있는 학습지나 문제집을 많이 푸는 우리나라 학생들은 정답을 맞추어야 한다는 의식 때문에 자기 생각을 자유롭게 말하지 못하게 되는 경향이 있다. 그래서 고정관념의 틀이 생기기 전에 질문하고 토론하는 디베이트를 경험하게 해야 한다.

실제 학원에서 만나는 학생들 중 첫날부터 자기 생각을 자유롭게 말하는 학생들은 많지 않다. 연령별로 발언 기회나 시간을 체크했을 때 초등학교 1학년과 중학교 1학년, 고등학교 1학년의 차이는 하늘과 땅 차이다. 상식적으로 연령이 높을수록 사회적 경험이나 배경지식이 많기 때문에 발언을 더 많이 할 것 같지만 결과는 반비례다.

초등학교 1학년 학생들은 내용은 말이 안 되는 부분도 많지만 일단 무슨 말이든 한다. 조금만 분위기를 띄워주면 서로 발표하려고 난리다. 1학년이 있는 곳은 가장 활발하면서도 시끄러운 교실이 된다.

초등학교 중학년은 저학년에 비하면 비교적 논리적인 표현을 하지만 팀워크나 디베이트하는 토론 매너를 보면 오히려 더 부족한 부분이 많다. 다른 사람의 의견을 경청하지 못하고 설득할 때는 자기 생각을 강요하거나 심지어 말싸움을 하기까지 한다.

초등 고학년은 말문을 트기까지 생각보다 시간이 오래 걸린다. 아직은 본격적인 사춘기가 시작되지 않았지만 다른 사람이 의식되는 시기이기 때문이다. 그렇다 보니 팀 의견을 결정할 때도 자유로운 팀 토론이 이루어지지 않고 누군가 나서서 이끌어주길 서로 바라만 보고 있다.

형식이 있는 디베이트를 시작하기 가장 좋은 연령대는 초등 고학년부터이다. 그런데 수업 구성원이 초등 고학년이고, 디베이트를 처음 시작하는 경우에는 준비하는 데 시간이 많이 걸리는 디베이트를 부담스러워한다.

문제는 중학생이다. 사춘기가 된 학생들은 다른 사람의 시선을 무척 의식한다. 디베이트를 시작하면 무거운 침묵이 흐른다. 눈을 마주치면 호명 받을까 두려워서인지 아예 눈을 피해버린다. 중학생은 다양한 장르의 융합독서 디베이트를 하는데 그동안 독서를 하지 않은 학생들은 더 힘들어한다. 늦은 나이에 시작할수록 적응하기 어려워한다.

스포츠 선수들은 대부분 어릴 때부터 운동을 시작한다. 2002년 월드컵의 주역이었던 축구 스타 박지성 선수는 초등학교 4학년 때부터 축구를 시작했고, 한국인으로는 처음으로 메이저 리그에 진출했던 박찬호 선수는 초등학교 3학년 때부터 야구를 시작했다. 어떤 능력을 몸으로 익히는 데는 시간이 많이 걸린다. 그래서 디베이트는 하루라도 빨리 일찍 시작할수록 좋다. 늦어도 초등학교 저학년 때부터는 디베이트를 시작해야 한다.

말하기도 운동처럼 훈련이 필요하다. 스포츠 선수들이 매일매일을 실제 경기를 치르듯이 운동하는 것처럼 학생들도 디베이트로 말하기 훈련을 하면 실전에서 잘하게 된다. 이렇게 훈련된 말하기 능력이 인생을 살아가는 데 강력한 무기가 될 것이다.

DEBATE
03

디베이트를 잘하면
토의도 잘한다

초등학교 학급회의 시간이 되면 아이들은 서로 눈치를 보거나 책상만 뚫어지게 쳐다본다. 학급회의에 의견을 내거나 발표하는 게 두렵기 때문이다. 다행히 누군가 나서서 의견을 내면 바로 '동의합니다', '제청합니다'라고 말한다. 그리고 그 의견은 일사천리로 통과된다. 반론과 질문은 없다. 중학교, 고등학교 교실에서도 비슷한 상황이 반복된다.

그렇다면 우리 아이들은 왜 이토록 말을 하지 못하는 것일까? 아니 말하기를 어려워할까?

'가만히 있으면 중간이나 간다', '말 많으면 쓸 말이 적다', '하던 지랄도 멍석 깔아놓으면 안 한다', '낮말은 새가 듣고 밤 말은 쥐가 듣는다', '말 많은 집은 장맛도 쓰다', '가루는 칠수록 고와지고 말은 할수록 거칠어진다'.

대부분이 말에 대해 부정적으로 말하는 속담이다. 우리나라는 유교의 영향이 강하다 보니 어른이 말할 때 나서지 마라거나 가만히 들으라는 말을 많이 한다. 그런 영향 때문인지 어릴 때는 질문이나 발표를 잘하던 아이들이 어느 순간부터는 입을 다물고 자신의 생각을 말하지 않는 모습을 많이 보게 된다.

그렇다면 우리 사회는 원래 반박이나 말을 못하게 하는 경향이 강했을까? 역사적으로 살펴보면 전혀 그렇지 않다. 세종대왕이 어전 회의나 경연에서 가장 많이 했던 말은 "경의 생각은 어떠시오?"였다고 한다. 그만큼 당시에는 언로가 열려 있었기 때문에 신하들은 서로 논쟁하면서 국가 대사를 결정하곤 했다.

토의와
디베이트의 차이점

우리 사회에서 대부분의 의사결정은 토의와 디베이트를 통해 이루어진다.

토의와 디베이트의 차이점은 다음과 같다.

협의를 바탕으로 이루어지는 토의는 문제 해결과 대안을 모색하는 데 목적이 있지만, 디베이트는 대립적인 논쟁의 방식을 취하며 설득하고, 상대의 관점 변화를 목적으로 한다.

토의는 참여자 모두 공통된 주제에 대해 정보와 다양한 의견을 교환하지만, 디베이트는 어떤 논제에 대해 논증과 실증적인 자료로 반론을 해 설득한다. 토의는 집단적 사고방식이 존중되며 형식이 자유롭고 규칙이 있기는 하지만 엄격하지 않고 협의와 타협, 절충이 가능하다. 반면 디베이트는 토론자끼리만 발언할 수 있으며 엄격한 형식과 규칙에 따라 진행되고 기회균등의 원칙을 따른다.

이러한 차이 때문에 전문가들은 토의를 디베이트를 포괄하는 큰 개념으로 보기도 한다.

독서지도 수업과정에서는 토의 형태의 질문을 많이 한다. 예를 들면 '주인공이 선택한 행동에 대한 내 생각은 어떠한가?', '나에게도 유사한 경험이 있었는가? 그때 어떻게 했는가?' 같은 질문을 한다. 모두 정답이 정해져 있지 않은 질문이다. 정답이 정해져 있지 않아서인지 이런 질문에 대답하기를 어려워하는 아이들이 많다. 그러다 보니 토의가 아닌 이야기를 나누는 것으로 끝나는 경우가 많다.

사람들은 토의보다 디베이트가 더 어렵다고 생각한다. 어떤 부분에서는 맞는 말이다. 디베이트에서는 상대방을 설득하기 위한 논증이 필요하며, 토론 과정에서 주장과 반론, 질문하기 위한 논리력과 순발력이 필요하기 때문이다. 그러나 이런 능력은 훈련을 하면 충분히 향상시킬 수 있다. 처음에는 어렵게 느껴지지만 디베이트를 계속하다 보면 준비과정에서 자료 찾기와 논거 찾기, 말하기 훈련. 디베이트 후 논리적인 글쓰기 훈련이 가능해지며, 순발력이 요구되는 반론과 질문 능력이 눈에 띄게 향상된다.

디베이트 과정에서 말하는 재미와 자신감이 생기면 토의 또한 적극적이고 활발하게 참여하게 된다. 디베이트를 경험해본 아이들은 자기 생각을 말해야 하는 토의 과정이 익숙해 금세 적응한다. 결국 디베이트를 잘하면 토의도 잘할 수 있다.

"정답은 없어. 그냥 너의 생각을 말해봐."

아이들과 토의를 할 때 교사가 가장 많이 하는 말이다. 하지만 어릴 때부터 말에 관한 부정적인 인식을 가지고 자라난 아이들은 자기 생각을 말하고 싶어 하지 않는다.

우리는 이제라도 자유롭게 의견을 나눌 수 있는 문화를 만들어야 한다. 물론 이러한 문화가 하루아침에 만들어지지는 않을 것이다. 학부모나 아이들을 가르치는 교사들이 토론이 부재

한 문화 속에서 살아왔기 때문이다.

《아트 스피치》의 저자 김미경 원장은 "우리는 지금 말값이 몸값인 시대에 살고 있다."라고 말한다. 이제부터라도 몸값을 올리려면 말하기 훈련을 해야 한다.

우선 말의 속담부터 다음과 같이 바꿔보자.

'말을 많이 한다는 것과 잘한다는 것은 별개이다.'

'말 안 하면 귀신도 모른다.'

'말이 마음이고 마음이 말이다.'

그리고 아이들에게 디베이트를 경험하게 해야 한다. 그래야 학급회의 시간이나 말하기 대회, 학교 토론대회에서 자유롭게 자기 의견을 말할 수 있게 된다.

DEBATE
04

유대인식 하브루타를
적용하다

나는 현재 다양한 연령의 아이들을 대상으로 한국사, 세계사, 과학, 사회, 경제, 문학 등 다양한 장르의 책을 읽히고 디베이트 수업을 진행한다. 수업을 하다 보면 아이들과 함께 읽고 싶은 책이 점점 많아진다. 철학이나 역사서, 인문고전, 자기계발서 등 다양한 분야의 책을 읽히고 싶다. 가치관이 형성되고 완성되는 청소년기에 꼭 읽히고 싶은 명서도 많다.

그러나 우리나라 아이들은 대학 입시 준비하는 데 바빠 책 읽을 시간이 없다. 또 철학이나 인문고전을 읽고 소화할 능력이 부족한 편이다. '인문고전은 누구나 읽어야 하지만, 아무도 읽지 않는 책이다.'라는 말이 있다. 우리나라 독서 현실을 잘 알려주는 말이다.

우리 학생들이 4차 산업혁명 시대 인재가 되게 하려면 철학 책을 읽고 인생과 세계에 관한 고민을 하고, 역사서를 통해 인류 사회의 변천과 흥망의 과정을 알아보게 해야 한다. 또 인문고전을 통해 변화에 대처하는 능력과 공감하고 연대하는 힘을 기르게 하고, 자기계발서를 통해 자아 성찰과 인적 역량을 키우도록 해야 한다.

디베이트는 찬반 토론의 형식이기 때문에 철학 책이나, 역사서, 인문고전, 자기계발서 등의 책을 읽고 그 의미를 깊이 이해하거나 되새기기 어려운 면이 있다. 그래서 나는 디베이트를 하기 어려운 책은 하브루타로 진행한다.

생각하게 만들다

앞서 나는 유대인이 최고의 인재를 키워내는 교육법으로 하브루타를 소개했다. 하브루타는 '짝을 지어 질문하고 대화, 토론, 논쟁하는 것'을 말한다. 부모와 자녀 또는 친구끼리 서로 이야기를 주고받으면 질문과 대답이 오간다. 대화가 깊어지면 토론(토의)과 논쟁이 된다. 질문은 사람으로 하여금 생각할 수밖에 없게 만든다. 질문을 통해 토론과 논쟁까지 이르면 뇌는 치열하게 생각하게 된다. 즉 하브루타는 뇌를 격동시키는 교육이자, 생각하게 만드는 방법이다.

요즘은 공교육에서도 하브루타 수업을 많이 한다. 그러나 대부분 수업한 내용에 대해 질문하는 것에 그쳐 토론과 논쟁을 이끌어내지는 못한다.

우리 학원에서는 4년 전부터 '하브루타 학습관'을 운영하고 있다. 나는 고등학교 2~3학년 학생들을 대상으로 《누가 내 치즈를 옮겼을까?》라는 책으로 하브루타 수업을 진행했다.

이 책은 주인공 4명의 치즈 이야기를 통해 우리의 인생에서 일어나게 될 변화에 대응하는 방법을 알려준다. 먼저 책을 읽고 하브루타 질문을 작성해보았다. 학생들이 작성한 질문 중 몇 가지를 소개하면 다음과 같다.

1. 치즈가 의미하는 것은 무엇인가?
2. 치즈를 기다리는 행동은 옳은 행동일까?
3. 당신에게 치즈란 무엇인가?
4. 변화에 대한 두려움은 잘못된 것인가?
5. 치즈 없는 삶을 비난할 수 있을까?

6. 삶에 변화가 없다면 새 치즈는 무의미한 것인가?

7. 변화에 대한 대응은 어떻게 해야 할까?

8. 이야기 속 4명의 인물 가운데 자신과 가장 비슷한 인물은 누구인가?

9. '치즈를 가진 사람은 행복하다.'라는 말이 나온다. 과연 원하는 것을 갖고 이룬다면 행복한 삶을 살게 되는 것일까?

10. 변화와 두려움에는 어떤 연관이 있을까?

11. 걱정과 좌절에 빠졌을 때는 어떻게 해야 할까?

12. 나의 치즈 창고는 어디에 있을까?

13. 우리는 왜 치즈를 찾을까?

14. 환경의 변화에 적응하지 않고 안주하는 삶은 잘못된 것일까?

질문을 작성한 후 하브루타를 시작하자 학생들 사이에 진지한 대화와 토론이 오고 가고, 자연스럽게 논쟁까지 이어졌다. 논쟁의 주제는 '환경의 변화에 적응할 때 더 행복하다'였다. 대한민국 고등학생으로서 현재 삶에 관한 이야기부터 성공과 행복의 진정한 의미, 그리고 미래를 대비하기 위한 방안까지 토론이 진행되었다. 환경 변화의 적응에 대한 찬반 논쟁을 통해 자신의 생각을 전달하고 상대방을 설득하는 과정을 통해 한층 생각이 성장하는 모습을 볼 수 있었다. 그날 학생들은 질문과 대화와 토론,

논쟁까지 3시간에 걸쳐 하브루타를 했다. 수업이 끝난 후 소감을 물어봤을 때 학생들의 공통적으로 다음과 같이 말했다.

"집에 가서 부모님과 다시 한 번 해보고 싶어요."

아는 만큼
세상이 보인다

'세상은 넓고 할 일은 많다.'

모 기업가가 한 말이다. 지금 사는 곳에서 보는 세상과 비행기 위에서 바라보는 세상이 얼마나 다른지는 비행기를 타본 사람만이 알 수 있다. 위에서 내려다본 세상은 정말 넓다. 그러나 우리는 지구의 어느 한 귀퉁이에서 생애 대부분을, 하루 24시간을 보낸다. 이렇게 살다보니 내 주변에 얼마만큼의 변화가 찾아왔는지 눈치 채지 못하고 혼자 뒤처지고 있는데 깨닫지 못할 수도 있다. 나 혼자라면 모르지만 내 아이, 자녀들의 미래까지 다른 사람보다 뒤처질 수 있다. 세상의 변화를 좇아가려면 어떻게 해야 할까?

독서를 좋아하는 나는 앞의 말을 이렇게 바꾸고 싶다.

'세상은 넓고 읽을 책은 많다.'

'세상은 아는 만큼 보인다.'

디베이트와 하브루타를 통한 책 읽기와 세상 읽기를 한다면 더 많이 알게 되고 '세상은 아는 만큼 보일' 것이다.

DEBATE
05

디베이트는 수행평가의
완성도를 높여준다

2018년은 자유학년제가 전국 3,210개 중학교의 46퍼센트
인 1,470개에 도입된다. 자유학년제란 2018년도에 입학하는 중
학교 1학년을 대상으로 한 학기, 또는 1년 동안 시험을 치르지
않는 제도를 말한다. 학생들의 학업 부담을 없애고 스스로 꿈과
재능, 끼를 찾을 수 있도록 학생 참여수업을 통해 다양한 체험
활동을 하는 것에 목표를 두고 있다.

학부모 입장에서는 아이들이 1년 만이라도 시험에서 벗어
나 자유롭게 진로 탐색을 할 수 있으면 좋겠다는 생각을 한다.

그러나 아이들은 자유학년제를 하면 시험 대신 과목마다 수시로 수행평가를 하므로 차라리 시험 보는 것이 낫다고 말한다. 아이들의 반응은 생각보다 냉랭하다.

중학생부터 고등학생까지 학생들에게 수행평가는 시험만큼 혹은 그 이상의 부담으로 다가온다. 특히 시험이 끝남과 동시에 수행평가에 다시 시달리면 더 힘들어한다.

"숙제와 다르게 지필 평가만큼 비중을 차지하는 게 수행평가 점수다. 그래서 학생들은 수행평가에 꽤 많은 정성을 쏟아 준비한다. 수행평가는 교과목마다 그 형식도 방식도 점수도 다르게 결정된다. 그런데 시험기간과 겹치는 것엔 부담이 크다. 하지만 안하게 되면 자신만 수행평가 점수를 낮게 받게 될 게 자명하고, 선생님의 차가운 시선을 피할 수 없을 것이기에 외면할 도리가 없다."(출처 : 「청소년신문」, 2017. 9. 22.)

현실이 이렇다 보니 수행평가 숙제는 대충해서 제출하거나 팀 과제여도 한 학생이 맡아 준비하는 일이 벌어진다. 학부모가 나서서 준비해주는 경우도 많다. 그렇다 보니 준비를 많이 한 학생이 억울해하는 경우도 생긴다. 다행히 최근에는 수행평가 방식이 '과제형 수행평가'에서 '과제중심 수행평가'로 바뀌고 있다고 한다. 무엇을 했느냐보다 '어떻게 했느냐'가 더 중요한 평가 기준이 된 것이다.

논술 수행평가를
잘하려면

논술 수행평가는 자신의 생각이나 주장을 한 편의 글로 작성하는 것이다. 그에 반해 구술 수행평가의 경우 특정 주제에 관해 미리 학생들에게 발표 준비를 하게 한 후 교사가 발표에 대해 평가하는 방식이다. 또는 미리 평가 범위만 제시하고 평가 당일 교사가 관련 주제나 질문을 던져 학생들의 답변을 평가하는 방식으로 이루어진다.

토의·토론형 수행평가는 특정 주제에 대해 학생들이 서로 토의하고 토론하는 것을 관찰해 평가하는 것이다. 학생들에게 연구 과제 등을 수행하도록 한 뒤 교사가 프로젝트의 전 과정과 결과물을 종합적으로 평가한다.

문제는 학생들은 이 중 어느 하나도 제대로 배워본 적이 없는 상태에서 평가를 받게 된다는 것이다. 물론 평가를 하면 학생 각자가 준비와 연습을 통해 실력이 향상되겠지만, 어릴 때부터 이런 수업을 접해보지 않은 아이들에게는 어렵게 느껴지기 마련이다.

디베이트를 해본 학생들에게 수행평가 항목은 어렵지 않게 준비할 수 있다.

논술 수행평가는 디베이트 준비 시 매번 찬성과 반대의 입론서를 준비하는데. 입론서의 틀만 없애면 논술의 서론과 본론이 된다. 결론은 최종 발언처럼 준비하면 된다. 디베이트에서는 객관적인 자료를 바탕으로 찬성과 반대의 입장에서 논술하기 때문에 논술 수행평가를 대비하는 충분한 연습이 된다.

구술 수행평가는 디베이트를 통해 주장과 반론, 질문을 훈련할 수 있다. 주어진 주제에 관한 공부만 되어 있으면 평소 실력으로 평가를 치러도 될 정도다.

나는 중학교 이상 학생들을 대상으로 매주 수업을 시작하기 전에 필독서의 세부 내용을 정해 프레젠테이션을 하도록 하는데, 아이들의 놀라운 변화를 보게 된다. 예를 들면 프랑스 혁명에 대한 역사 수업을 진행한다면 수업 내용을 4개 영역으로 나누어 4명의 아이들에게 다음과 같은 내용의 과제가 주어진다.

1. 프랑스 혁명의 원인과 과정, 결과
2. 바스티유 감옥 습격과 루이 16세의 정치 및 마리 앙투아네트의 생애
3. 국민의회의 활동 내용(인권선언 발표, 입헌의회 구성, 제1공화정 선포내용)
4. 로베스피에르의 개혁 추진과 공포 정치, 그리고 총재 정부 수립

아이들은 일주일 동안 해당 내용을 준비한 후 PPT 자료를

만들어 수업 전날까지 내 메일로 제출한다. PPT 작성은 키워드 중심으로 그림과 기호를 사용하여 제작하도록 조언한다. 수업이 시작되면 역사적 사건 내용 순서대로 한 명씩 연단 앞에 나와 프레젠테이션을 한다. 아이들이 프레젠테이션 할 때는 발표하는 자세와 아이컨텍, 목소리 크기와 속도에 대한 피드백을 바로바로 한다. 발표를 다 마치고 피드백을 하면 공감은 하지만 행동으로 바로 교정되기는 어렵기 때문이다. 특히 발표할 때 화면에 나오는 내용을 그대로 읽지 않고 자신의 말로 자연스럽게 설명하도록 한다. 발표를 마치고 나면 나머지 아이들이 발표자에게 반론이나 질문을 한다. 발표에서 설명이 부족했던 내용이나 이해가 안 되는 부분을 질문하고, 다른 의견이 있으면 반론을 한다.

아이들은 처음에는 과제를 제출하는 것조차 어려워하지만 몇 개월이 지나면 PPT 제작에 금세 익숙해지고, 발표 또한 자연스러워진다. 가장 두드러진 변화는 발표자가 됐을 때 어떠한 질문이나 반론을 받아도 정확하게 답하거나 재반론할 수 있을 만큼 여유가 생긴다는 점이다.

이렇게 프레젠테이션으로 수업하는 방식은 국제수학능력시험인 IB 시스템에서 차용한 것이다. IB 수업 장면을 보면 자신이 준비한 내용을 프레젠테이션하면서 교사와 반 친구들과 함께 질문과 토의, 토론을 한다. 자신이 준비하고 진행한 수업 내용만큼은 100퍼센트 자신의 것으로 체화할 수 있기 때문이다.

한참 전부터 지금까지 자기주도학습이 가장 좋은 학습 방법으로 중요시하게 여겨져 왔다. 자기주도학습이란 학습자 스스로가 학습의 참여 여부부터 목표 설정 및 교육 프로그램의 선정과 교육평가에 이르기까지 교육의 전 과정을 자발적인 의사에 따라 선택하고 결정해 행하는 학습 형태이다. 그러나 자기주도학습 방식이 강조되는 것은 아이들의 공부 방법이 아직 자기주도적으로 되지 않고 있기 때문일 것이다. 하지만 디베이트로 훈련한 아이들은 스스로 수업준비를 함으로써 수행평가 준비는 물론 프레젠테이션 발표까지 자신 있게 수행할 수 있게 된다.

면접 능력은 하루아침에
만들어지지 않는다

준호는 우리 학원을 3년 동안 다니다가 상산고등학교에 입학한 남학생이다. 준호가 특히 좋아하고 잘했던 수업은 한국사와 세계사 디베이트였다. 준호가 상산고 면접을 보고 온 후 나에게 "선생님 감사합니다. 디베이트 덕분에 합격한 것 같아요."라고 감사인사를 했다. 정말 디베이트가 면접에 효과가 있을까?

준호의 말에 따르면 당시 상산고 경쟁률은 그 어느 때보다도 치열해서 사실 합격은 크게 기대하지 않았다고 한다. 그러나 토론 면접을 시작하면서 합격을 예상했다고 한다. 토론 면접을 준비할 때 준호는 디베이트 학원에서 늘 해오던 대로 찬성과 반대의 주장과 근거를 모두 준비하고 예상되는 반론과 질문을 작성해 그것을 참고로 토론을 했다고 한다. 그러나 다른 아이들은 어떻게 토론을 준비하는지 잘 몰라 대부분 했던 이야기만 반복하거나 반론이나 질문에 제대로 답변하지 못했다고 한다. 준호는 그렇게 똑똑한 아이들만 모였는데 어떻게 토론을 제대로 못하는지 의아했다고 덧붙였다.

준호는 상산고 입학 후 한 달에 한 번 집에 오면서 나에게 들른 적이 있었다. 일요일이라 멀리 외출을 한 나는 미안해하며 다음에 집에 오면 다시 꼭 들르라고 했다. 다음날 학원에 가보니 학원 현관문 앞에 메모지가 붙어 있었다. 준호가 쓴 손 편지였다. 준호의 편지 글은 아직도 내 가슴을 뛰게 한다. 어린 제자가 쓴 진심 어린 감사 글을 읽으면 더 열심히 해야겠다는 생각을 하게 된다.

중학생부터
면접을 준비해야 한다

정권이 바뀌면 교육정책 변화를 위해 새로운 대학 입시제도가 발표된다. 그러나 대학입시제도가 아무리 변화해도 변하지 않는 것이 있다. 바로 면접이다.

요즘 각 대학에서는 학업을 충실히 해나갈 수 있는 인재를 뽑기 위해 학생들에게 자기소개서와 생활기록부를 받고 있다. 입학사정관들은 대체적으로 지원자들이 제출한 자기소개서와 생활기록부를 기반으로 질문을 한다. 그 이유는 학생이 지원한 대학과 학과에 대해 얼마만큼의 준비와 관심을 가지고 있는지 파악할 수 있기 때문이다. 그래서 면접에서 생각보다 날카로운 질문들이 많이 나오는데 고등학생들은 당황해하곤 한다. 좋은 대학을 가고 싶은 학생들에게 면접은 또 하나 넘어야 할 큰 산이다.

면접이란 직접 만나서 인품이나 언행 따위를 평가하는 시험을 일컫는다. 면접의 형태와 방법은 개인 면접, 집단 면접, 그룹 토론식 면접, 프레젠테이션 면접, 무자료 면접, 면접자 상호평가 면접 등이 있다.

호서대 교수이자 입학사정관인 정남환 교수가 말하는 '면접관을 사로잡는 면접 전략'은 다음과 같다.

첫째, 심사 위원의 질문을 끝까지 귀담아듣는다.
둘째, 질문이 정확하게 이해되지 않으면 한 번쯤 다시 물어봐도 좋다.

셋째, 질문이 끝난 뒤 몇 초라도 생각을 가다듬은 뒤 조리 있게 말을 시작하도록 한다.

넷째, 말의 속도가 너무 빠르거나 느려서는 안 된다.

다섯째, 특히 목소리의 크기를 적당히 조절하도록 한다.

여섯째, 적절하면서도 명료하게 자신의 생각을 말한다.

정남환 교수는 면접을 볼 때 면접관이 하는 질문의 의도를 정확히 파악하지 못해 동문서답하는 지원자가 의외로 많다고 한다. 면접은 상대방과 질문과 답변을 하며 상호작용을 하는 시간이기 때문에 면접관과의 소통이 가장 중요하다.

지원자 중에는 면접관의 질문을 일부분만 듣고 달달 외워온 답변을 그대로 말하는 사람도 있다. 이것은 면접관의 말을 경청하지 않았다는 것을 의미한다. 더구나 외워서 하는 판에 박힌 이야기는 지원자의 진정성이 부족하다고 느끼게 만든다. 면접에서의 핵심은 경청하는 태도로 면접관의 질문을 잘 듣고, 논리적으로 면접관을 설득하는 것이다.

토론 면접 준비

요즘 대다수의 특목고와 대학, 그리고 대기업과 금융기관에서는 '토론 면접'을 실시한다. 토론 면접이란 인성과 태도, 대인관계능력 및 협동심, 공감, 소통 능력, 배려심을 파악하기 위한 면접 방법을 말한다. 토론 면접을 통해 특정 주제나 과제에 대한 이해나 인지적 능력, 그리고 비판적 사고 및 논리적 표현력을 평가하는 것이다. 토론 면접의 방법은 한 가지 주제를 가지고 찬성과 반대 입장으로 나누어 토론하는 것을 면접관이 보고 그에 대한 태도와 능력을 개별적으로 채점하는 방식으로, 면접자의 평소 태도와 성격, 지식을 한꺼번에 평가할 수 있다는 장점이 있다.

토론 면접에서는 최근에 가장 이슈가 되거나 찬반논쟁이 뜨거웠던 주제가 선정된다. 지원자는 어떤 주제가 나올지 모르기 때문에 미리 답변을 준비하기 어렵다. 그러나 평소에 시사 디베이트를 통해 충분히 준비할 수 있다. 시사 디베이트는 다양한 매체, 특히 신문이나 전문 칼럼을 접함으로써 세상에 대한 시각을 넓힐 수 있기 때문이다.

시사 디베이트는 신문 읽기와 다양한 자료조사 과정을 거치고 자신이 찾은 주장과 근거를 바탕으로 비판적인 글을 작성하는 과정도 포함된다. 신문 읽기를 통한 시사적인 지식 쌓기와 자신의 주장을 논리적인 글로 작성하는 훈련을 반복하다 보면 자연스럽게 비판적인 능력을 갖추게 된다.

면접에서 필요한 능력 중 또 다른 하나는 '순발력'이다. 순발력은 디베이트 형식 중 하나인 교차 조사를 통해 향상시킬 수 있다. 교차 조사는 한 쪽이 일방적으로 질문을 하고 다른 한쪽은 답변만을 해야 한다. 마치 압박 면접과 같은 형태이다. 압박 면접에서는 매우 날카로운 질문이 계속 쏟아져나오기 때문에 디베이트를 통해 훈련이 된 사람은 어떠한 질문에도 침착하게 순발력을 발휘하게 된다.

면접 준비 잘하려면

2017년 대학 입학 수시 모집 학생부 종합전형에서 학생 선발방법을 살펴보면 1단계는 서류평가, 2단계는 1단계 성적과 면접이다. 대학 입시뿐만 아니라 취업에서도 면접은 서류 심사만큼 높은 실질반영률을 보이고 있다. 이처럼 면접이 중요하다는 것을 알면서도 우리나라 학생들은 평소에 면접을 준비하지 않거나 준비한 만큼 성과가 나지 않는다.

매년 특목고 지원 시기나 수시 지원 시즌이 되면 면접 코칭을 부탁하는 상담전화가 많아진다. 면접 날짜에 쫓겨 급하게 면접 코칭을 준비하려는 것이다. 하지만 면접에서 요구하는 태도와 능력은 금방 만들어지는 것이 아니다. 특히 말하기는 짧은 시간에 개선되거나 향상될 수 있는 능력이 아니다.

　반면 평소 디베이트를 통해 말하기 훈련과 순발력, 그리고 비판적인 사고력 훈련이 충분히 되어 있다면 좋은 결과를 얻을 수 있다. 디베이트에서도 가장 중요한 것은 상대팀의 의견을 경청하며 논리적으로 주장과 반론을 펼쳐 상대팀을 설득하는 것이다. 디베이트를 잘한다는 것은 누구나 납득할 만한 객관적인 자료를 통해 다른 사람을 설득하는 과정이기 때문에 배경지식은 물론 꾸준한 논리적인 말하기 훈련이 된다. 즉 디베이트를 통해 쌓은 논리적인 말하기와 순발력, 논리적·비판적인 사고력과 경청, 그리고 매너 있는 태도는 면접에서 가장 중요한 밑거름이 된다.

디베이트 언제 시작하는 것이
가장 좋을까?

재민이는 현재 외국어고등학교에서 영어를 전공하고 있다. 초등학교 5학년 말부터 외고에 입학할 때까지 우리 학원에 다녔는데, 토요일 이른 아침 시간 수업인데도 불구하고 결석 없이 성실하게 잘 다닌 아이다.

재민이는 논술 경험이 없어 꽤 오랫동안 입론서 쓰기를 어려워했다. '꾸준함을 이기는 것은 없다'는 말처럼 1년 정도 지나자 누구보다 정확하고 빠르게 입론서 작성할 수 있게 되었다. 재민이는 외고를 지원할 때 스스로 자기소개서를 작성했는데 내가 첨삭을 두 번 정도만 하고 통과될 정도로 훌륭하게 작성했다. 재민이는 디베이트를 준비할 때 매번 작성하는 입론서와 에세이 쓰기 덕분에 자기소개서 쓰는 것이 어렵지 않았다고 말한다.

그동안 책을 읽지 않았는데 디베이트가 가능할까?

우리나라 아이들은 대부분 초등학교 3~4학년 정도가 되면 독서를 하기 힘들어진다. 학원 수업과 숙제 때문에 시간 내기가 어렵기 때문이다. 아이들은 독서와 토론에 담을 쌓고 살게 되고, 이런 현상은 아이들의 사고력을 저하시키고 중ㆍ고등학교 학습 능력을 향상시켜 줄 배경지식을 쌓을 수 있는 기회를 놓치게 만든다.

'초등학교 성적은 엄마 실력, 중학교 성적은 학원 실력, 고등학교 성적이야말로 진짜 아이 실력'이라는 말이 있다. 진정한 자신의 실력을 쌓기 위해서는 이제부터라도 책을 꾸준히 읽어야 한다. 책을 읽고 제대로 소화시켜줄 수 있도록 돕는 것은 바로 '디베이트'다. 중학교 때 디베이트를 시작하면 아이들은 좀 부담스러워한다. 현실적으로 중학생이 되면 공부해야 할 과목이 많아지는데다 사춘기 무기력증이라는 복병이 생기기 때문에 독서를 해야 하는 디베이트는 더더욱 어렵게 느껴진다.

'늦었다고 생각할 때가 가장 빠르다'는 말이 있다. 꾸준히 독서를 하고 그리고 좀 더 일찍 디베이트 경험을 했으면 좋았겠지만 늦더라도 시작하는 것이 좋다. 즉 초등학생 고학년이나 중학생 때라도 독서와 디베이트를 시작해야 한다.

그러나 단기간에 교육을 받거나 대회를 준비한다고 해서 많은 효과를 보지는 못한다. 책을 읽고, 책 안에서 쟁점과 근거를 찾아 찬성과 반대 입론서 쓰고, 형식에 맞게 디베이트를 하는 게 하루아침에 완성되는 것은 아니기 때문이다.

한국식 디베이트
교육 과정

최근에는 독서 토론이나 디베이트에 관한 관심이 늘어나고 있지만 아직은 생소해하는 이들이 많다. 학교나 도서관에서 특강으로 독서 토론을 진행하거나 지자체나 도서관 주관으로 독서 디베이트 대회를 개최하는 정도이다.

나 역시 디베이트코칭학원 운영 초기에는 수강생 모집에 많은 어려움을 겪었다. 일단 학부모들이 디베이트에 대한 인식이 없었고, 아이들은 디베이트를 부담스러워 했으며, 여러 학원을 다니느라 디베이트까지 배울 여력이 없었다. 그래서 내 딸과 딸 친구 몇 명, 그리고 내가 아는 학부모님 자녀를 대상으로 수업을 진행했다.

형식이 있는 디베이트를 처음부터 진행하기에는 어려움이 있다고 판단해 아이들이 논제에 대한 이해와 자료 찾기, 그리고 찬성과 반대의 주장과 근거를 찾는 연습부터 시작했다. 찬성과 반대의 입론서 작성하는 방법까지 차례차례 가르쳤다.

주 1회 3시간 수업으로 디베이트 준비와 토론까지 하기에는 시간이 부족했기 때문에 하나의 논제로 1회차는 디베이트 준비를 하고, 2회차는 디베이트 토론을 했다. 디베이트 형식 중에서 쉽고 재미있는 피라미드 토론으로 시작해 포토 스탠딩 토론과 대좌 토론 등으로 진행했다. 아이들이 말문을 연 후에는 토론하는 재미를 느끼게 하기 위해 노력했다. 동시에 쟁점 찾기, 입론서 작성 훈련을 하면서 서서히 형식이 있는 디베이트 토론을 시작했다.

아이들이 디베이트 토론을 배우는 데는 또다른 현실적인 문제가 있었다. 초등학생들은 고학년이 되면 영어와 수학 학원을 다니기 시작하기 때문에 초등 고학년 이상의 학생들이 관심을 가지지 않았다. 그래서 나는 디베이트 모집 연령을 낮추었다. 초등 저학년 학부모들은 자녀의 독서교육에 관심이 높고 고학년보다는 독서할 시간이 많기 때문이었다.

우리 학원에서 가장 나이가 어린 수강생은 7세이다. 아직 한글 읽기와 쓰기가 미숙한 연령이기 때문에 이야기를 들려주고, 같이 생각을 나누고, 질문해볼 수 있는 하브루타 수업을 진행한다. 아이들이 읽는 주요 텍스트는 동화 형식으로 집필된 우화와 《탈무드》이다. 내가 수업시간에 우화나 《탈무드》를 직접 들려주면서 다음 장면을 상상하고 추론해보고, 자신의 경험을 나누면서 이야기를 나눈다. 그리고 내용 질문, 상상 질문, 적용 질문 순으로 하브루타를 한다.

안타까운 것은 7세 정도의 아이들도 벌써 질문보다는 답을 맞히는 것에 익숙해져서 질문을 잘하려고 하지 않는다. 나는 게임 형식으로 질문을 하도록 유도하고, 아이들을 격려한다. 1년 정도 수업을 마치고 나면 다양한 질문은 물론 꼬리질문의 습관이 형성된다.

만약 《양치기 소년》이라는 우화를 읽고 하브루타를 한다면 다음과 같은 꼬리질문을 할 수 있다. '양치기 소년은 왜 거짓말을 했나?'에 대한 내용 질문은 '만약 어른들이 양치기 소년이 심심하다고 했을 때 어른들이 귀담아들었다면 어땠을까?'라는 상상 질문으로 이어진다. 이 질문은 더 나아가 '나는 거짓말을 하고 후회한 적이 있는가?'라는 적용 질문으로까지 이어질 수 있다.

초등 1~2학년은 독서 발달단계로 음독, 즉 낭독을 시작해야 하는 시기이다. 이 시기 아이들에게는 다양한 장르의 그림책을 중심으로 텍스트 들려주기를 한다. 또 그림읽기를 통해 다양한 디스커션과 게임 형식으로 진행하는 디베이트를 한다. 나는 아이들을 가르칠 때 그림책을 미리 집에서 읽어 오라고 하지 않는다. 집에서 숙제를 하다 보면 대부분 텍스트만 보고 오느라 그림책이 주는 즐거움과 그림 읽기의 경험을 제대로 하지 못하기 때문이다.

특히 판타지 그림책의 경우 다음 장면을 상상하거나 추론하는 과정과 경험을 나누는 시간이 매우 중요하다. 그러한 과정을 통해서 아이들의 독해력과 상상력, 사고력을 파악할 수 있다. 아이들에게 그림책을 읽어줄 때는 어느 장면에서 어떤 질문을 해야 할지를 미리 생각해두어야 한다. 이렇게 하면 아이들은 그림책 읽기의 즐거움과 창의력의 원천이 되는 상상력, 그리고 찬성과 반대의 주장 찾기가 가능해지고 글쓰기 능력도 향상된다.

초등 3~4학년 수업은 시사와 교과 과정, 그리고 교과 관련 도서로 수업을 진행한다. 초등 3학년은 아직 리서치를 하기에는 이른 나이이기 때문에 리서치를 하지 않고도 일상에서 겪는 문제점이나 생각해보아야 할 논제로 시사 디베이트를 한다. 4학년이 되면 시사 디베이트할 때 리서치를 하는 방법을 지도해 리서치 자료를 통해 디베이트한다. 교과 도서나 교과 관련 도서는 말 그대로 교과서에 나온 텍스트 중 디베이트가 가능한 논제를 선정해 토론하는 것이다.

3학년 때는 디스커션과 게임 형식의 디베이트로 진행하고, 4학년이 되면 찬성과 반대의 입론서 작성과 디베이트 형식에 맞추어 역할을 정해 디베이트를 진행한다. 이러한 과정을 통해 듣기, 말하기, 글쓰기 능력이 향상된다.

초등 5~6학년은 한국사 디베이트를 1년 2개월 동안 진행하며, 초등 6학년은 융합독서 기초과정으로, 중·고등학생들은 융합독서 디베이트 심화과정으로 수업을 진행한다.

나는 학생들에게 디베이트를 영어와 수학 공부와는 다르게 가르치고 싶다. 그러기 위해 지난 6년 동안 디베이트코칭학원을 운영하면서 가장 중요하게 생각한 것은 우리나라 학생들에게 맞는 '한국식 디베이트'를 만드는 것이었다. 원래의 디베이트 형식과 목표에 어긋나지 않으면서 누구나 쉽고 재미있게 접할 수 있는 디베이트코칭학원을 만드는 것이 목표이고, 앞으로도 계속 노력할 것이다. 다행히 이런 노력이 통했는지 지금은 재원생이 신입생을 소개하고, 학원이 김포에 위치해 있는데도 불구하고 서울, 경기, 인천 지역에서도 찾아와 수강하는 아이들이 있다.

한국식 디베이트에 관해 나는 이렇게 정의한다.

"공부에 대해서는 세계 어느 나라 학생들과 비교해도 전혀 뒤처지지 않을 우리나라 학생들, 그러나 꼭 필요한 교육은 받지도, 하지도 않는 대한민국 학생들에게는 그들만을 위한 디베이트가 필요하다. 그것은 바로 '한국식 디베이트'다."

이 말에 많은 전문가들이 공감한다. 그래서 우리 학원의 교재를 구입해 사용하거나 우리 학원의 이름과 커리큘럼을 사용하기 위해 기꺼이 비용을 지불하고 사용하는 이들이 점점 더 많아지고 있다. 그 비결은 '한국식 디베이트'에 있다.

5장

독서의 완성은
디베이트다

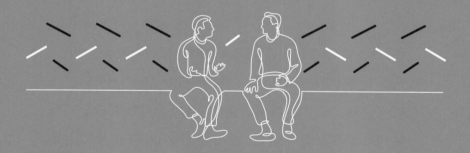

독서 디베이트는
독서의 효과를 극대화시킨다

두호가 초등 1학년 때 처음 학원에 왔을 때 공격적이면서 산만한 성격이라 두호 부모님은 아이의 집중력을 키워주고 싶어 했다. 두호는 누가 자신의 물건을 건드리기만 해도 물건을 던지거나 바로 폭력을 행사한다고 했다. 그래서인지 처음 두호가 왔을 때 같은 학교를 다니는 아이들은 두호와 같은 팀이 되길 무척 싫어했다.

두호는 1학년인데도 한글을 다 깨우치지 못했다. 글쓰기가 안 되는 두호를 위해 나는 두호가 말하면 핵심만 정리해 칠판에 적어주었고, 두호는 그대로 베껴 쓰기를 하며 수업을 받았다. 그런데도 글씨를 잘 못 써 받아 적는 데 시간이 오래 걸렸고 그마저도 그리다시피 해서 글씨를 알아보기 힘들었다.

두호처럼 1~2학년 팀은 다양한 장르(판타지, 사실주의, 옛이야기, 운문, 패러디 등)의 그림책을 텍스트로 수업한다. 나는 그림책의 글은 동화구연 기법으로 읽어주고, 그림은 그림 읽기를 통해 상상하고 추론하고 회상할 수 있도록 수업을 진행한다. 그러다 보니 그림책을 읽어주는 시간이 적어도 30~40분은 소요된다. 그런데 두호는 책을 읽어줘도 집중하지 못하고 자리에 앉아 있는 것조차 어려워했고, 자기 의견을 말할 때는 엉뚱한 이야기를 해서 다른 아이들이 황당해했다. 두호 혼자 그림책을 독차지해서 바로 옆에 앉은 아이는 늘 그림책이 안 보인다고 불편을 호소했다.

1년 반의 시간이 흐른 지금 두호는 전혀 다른 아이가 되었다. 수업 시작 전에 작성해야 하는 창작 동시를 잘 쓰고 있고, 그림책을 읽어줄 때는 바른 자세로 의자에 앉아 집중력 있게 그림책을 보고, 다음 장면을 상상해서 말해보라고 하면 자신의 의견을 빨리 말하고 싶어 의자에서 일어난다. 같은 팀 아이들 중 가장 높은 추론 능력을 보여 지금은 친구들 사이에 부러움의 대상이 되었다. 쉬는 시간에도 다른 아이들과 잘 어울려 놀아 두호를 피했던 아이들도 이제는 두호에게 먼저 말을 건다. 두호가 다른 아이들과 다투지도 않고 사이좋게 잘 놀자 두호 부모님은 정말 놀라워하며 감사해 한다. 두호를 보면 가르치는 보람과 독서 디베이트의 효과를 다시 실감한다.

책 읽기 힘든
한국 사회

문화체육관광부에서 발표한 2017년 국민독서실태조사에 따르면 성인 10명 중 4명은 1년에 1권도 읽지 않는다. 아이들의 독서도 대부분 학업과 입시와 관련된 것이다.

학년이 올라갈수록 읽어야 할 책의 분량이 많아지고 내용은 어려워지다 보니 아이들은 독서의 즐거움을 깨닫지 못하게 된다.

그동안 독서 코칭을 하면서 수많은 학생들을 만나왔다. 대부분의 학생들은 시간이 없어서 책을 못 읽는 것이 아니라 '책 읽는 재미를 느끼지 못해서' 안 읽는 것이다.

그렇다면 책을 제대로 읽고 재미를 느끼게 하는 방법은 무엇일까? 많은 고민 끝에 찾은 해답은 '독서 디베이트'이다. 독서 디베이트는 독서를 한 후 논제를 중심으로 정해진 형식에 따라 논증해나가는 토론 방식으로 독서와 디베이트의 효과를 극대화할 수 있다.

　일반적인 독서 지도 방법은 책을 읽고 나서 읽은 내용을 점검하고, 저자의 의도를 파악해 주제를 생각해보고, 내 삶에 적용해보는 시간을 가진 후 마지막으로 다양한 갈래별 글쓰기를 워크지에 작성하게 한다. 워크지는 질문 항목이 있어 하나하나 해답을 채워가면 잘 읽고 이해했는지 점검할 수 있지만, 아이들에게는 자칫 학습지 채우기처럼 느껴질 수 있다. 또한 교사가 수업 진행을 이끌다 보니 아이들이 자발적으로 참여하지 않고 지루해하거나 흥미를 잃을 수 있다.

　기존의 독서 토론 방식은 어떤가? 마찬가지로 책을 읽은 후 자신의 소감이나 감상을 말하고, 서로 입장이 다르면 그 입장에 대한 의견을 교환한다. 그러나 이런 방법은 적극적인 사람이 발언 기회를 많이 가지게 돼 토론이 한 사람 의견에 치우칠 수 있으며, 책 내용 외에 토론자의 개인적인 경험이나 생각으로 토론 방향이 흘러갈 수 있다. 그렇게 되면 다른 사람들은 점점 토론에 흥미를 잃고 참여율이 낮아져 독서 토론의 의미가 퇴색된다.

　조선 후기 젊은 개혁군주였던 정조는 "열심히 책을 읽으면 오히려 피로가 풀렸다"라고 말할 정도로 독서광이었다. 정조는 신하들에게 '요사이에 읽는 책이 어떠한 것이 있느냐?'고 물을 정도로 독서를 강조했다. 정조는 독서 토론에 관해 이렇게 말했다. "옛 학자들은 학문을 논하면서 '보고 들은 것이 없고서는 마음이 넓어지는 경우는 없다'고 말하였는데, '보고 들은 것'이라고 한 것은 책을 읽는 것과 토론하는 것을 말한다. 독서만 중요시해서도 안 되고 토론만 중요시해서도 안 된다. 독서와 토론은 수레의 바퀴나 새의 날개와 같아서 한 가지만 버려도 학문을 할 수 없다." 즉 독서에 매진하다 보면 지식을 쌓을 수는 있지만 여기에 토론을 더해야만 책을 통해 보고 들은 것을 '생각'을 통해 체화해나간다는 것이다.

독서 디베이트

독서 디베이트는 작가의 집필 의도를 포함해 책 안에서 논제를 정하기 때문에 책의 내용을 한층 더 깊이 있게 다룬다. 또한 정해진 엄격한 형식이 있어, 발언 시간과 순서, 역할에 따라 공평하게 발언하기 때문에 감정적으로 치우치지 않고 일부 사람들에게만 발언 기회가 주어지는 것을 방지할 수 있다.

독서 디베이트의 진행 순서는 다음과 같다.

우선 아이들의 학년과 독해력, 흥미를 고려해 책을 선정한다. 책을 읽을 때는 다양한 관점을 가지고 책 내용을 분석하고, 저자의 의도를 파악하면서 읽도록 지도한다. 내용을 중심으로 서로 첨예하게 대립되는 쟁점을 찾아 논제를 정한다. 책을 읽기 전에 논제를 미리 알려주어 책을 읽으면서 찬성과 반대의 주장과 근거를 찾도록 해야 한다. 연계 도서나 사회적 관련 정보를 리서치하는 것도 중요하다.

독서 디베이트는 기존 독서 토론 방법보다 많은 준비과정이 필요하다. 그래서 처음 접하는 아이들은 좀 힘들어하지만 익숙해지면 효과는 배가 된다. 먼저, 독서 디베이트를 하면 책 내용에 대해 깊이 읽게 된다. 독서 디베이트는 주장과 근거를 책에서 찾아야 하기 때문에 사건의 사회적 배경은 물론 등장인물의 특성과 갈등관계를 정확히 파악하는 분석적 · 비판적 책 읽기가 가능하다.

독서 디베이트는 객관적인 사실을 근거로 논리를 주장해야 하기 때문에 논리적인 언어 표현 능력과 사고력이 향상되며, 나아가 창의력과 문제 해결 능력을 기를 수 있다. 또 자신의 독해 능력을 객관적으로 진단할 수 있다.

책을 제대로 이해하지 못하고 비판적인 관점으로 읽지 못하면 디베이트 준비는 물론, 디베이트를 할 때도 주장이나 반론과 질문을 제대로 펼치지 못해 승패에 큰 영향을 미친다. 아이들은 이기기 위해서라도 적극적으로 읽고, 책을 읽고 난 후 디베이트를 통해 깊이 있는 독서 활동을 경험하면 독서에 대한 흥미가 높아진다.

피터 드러커 박사는 "지식의 양이 미래의 부를 결정한다."라고 말했다. 부자가 되기를 원한다면 지식을 많이 쌓아야 한다는 것이다. 지식을 쌓을 수 있는 방법 중 가장 좋은 방법은 바로 '독서'이다. '독서'를 통해 거의 공짜에 가까운 비용으로 부자가 될 수 있다. 성공한 사람들 대부분이 자신의 성공 비결로 독서를 꼽는 이유이다.

우리는 책을 통해 최고의 사람들을 만날 수 있다. 이런 경험은 자신의 능력과 수준을 최고로 높여준다. 또한 인생의 큰 꿈을 꾸게 해주고, 끊임없이 노력하는 삶을 살도록 하는 원동력이 된다.

"'책 읽기는 공자 되기'다. 공자는 일생을 바쳐 학문을 좋아하고 목숨을 걸고 실천을 중시한 인물로 유명하다. 그는 세 살 때 아버지를 잃고, 열일곱 살에 어머니마저 돌아가시자 겨우 목에 풀칠하며 살았다. 그러나 그는 공부를 게을리하지 않았다. 그 결과 공자는 나이 서른에 입신양명하게 되었으며 출세가도를 달렸다. 공자가 자신의 사회적 지위를 높인 데는 책 읽기가 결정적인 역할을 했다." (출처 :《책 읽기의 달인 호모 부커스》, 이권우 저, 그린비, 2008.)

시사 디베이트는
독서 디베이트의 밑거름이다

준혁이는 다른 독서 논술 학원에 다니다 지인의 소개로 4학년 때 처음 우리 학원에 왔다. 적극적이면서 성실한 준혁이는 수업에 금방 적응했다. 디베이트 준비를 할 때도 적극적이었다. 그러나 찬성과 반대의 주장과 근거를 찾고 입론서를 작성할 때는 생각보다 힘들어했다.

특히 시사 디베이트를 할 경우 신문이나 인터넷에서 찾은 자료 안에서 근거를 찾아 주장하고 반론하고 질문을 해야 하는데, 준혁이는 자신의 주관적인 의견으로 상대팀에 주장과 반론을 했고, 상대팀이 설득되지 않으면 말투가 공격적으로 변했다.

　이런 행동은 준혁이만의 문제는 아니다. 처음 디베이트를 하는 아이들이 공통적으로 보이는 행동이다. 먼저 경험해본 아이들은 디베이트 후 평가할 때 "준혁이가 공격적인 말투로 토론해서 화가 났지만 나도 처음에는 그런 행동을 했기 때문에 준혁이가 왜 그랬는지 충분히 이해된다. 준혁이도 몇 번 하고 나면 디베이트의 매너를 익히게 될 것이다."라고 말했다.

　준혁이처럼 논술 학원에 다니던 아이들이 우리 학원에 다니면서 가장 놀라는 것은 시사 디베이트이다. 준비 과정에서부터 많이 다르기 때문이다. 아이들은 자료 조사를 하는 과정을 처음에는 어려워하지만 조금 익숙해지면 인터넷에서 자료 검색하는 것을 흥미로워 하고 적극적이 된다. 시사 디베이트는 3학년 때 시작하는 데 일상생활에서 만날 수 있는 문제를 주로 다룬다. '부모님에게 높임말을 써야 한다.' '방학 숙제는 꼭해야 한다.' '일기는 매일 써야 한다.' 등 일상에서 쉽게 접하는 문제를 논제로 정한다. 4학년 때는 '초등학생의 연예계 진출을 제한해야 한다.' 같은 사회 문제를 논제로 자료를 리서치하고 시사 디베이트를 한다.

시사 디베이트

　　　　　　　　　요즘은 대학 입학을 위해 학교 시험뿐만 아니라 준비해야 할 것이 많다. 입학을 위한 면접에서 기본적인 소양과 사회적 쟁점이 되고 있는 이슈, 그것과 관련된 배경지식, 자신의 생각까지 묻는다. 그러나 우리나라 아이들은 시사에 관심이 적은 편이다. 매일 공부에만 몰두하다 보니 사회에 거의 관심을 두지 않는다.

　시사란 그 당시에 일어난 여러 가지 사회적 사건을 말한다. 평상시 사회에 관심이 전혀 없고 문제풀이 공부만 하던 아이들이 입학 때가 되었다고 해서 갑자기 시사에 관심이 생기거나 그것에 대한 문제와 해결방안을 펼치기는 어렵다. 시사는 평소에 많이 접해봐야 한다. 그래서 토론 교육현장에서는 시사 디베이트를 많이 하고 있다. 시사 디베이트를 통해 사회에 대한 관심을 갖게 되고 배경지식을 쌓을 수 있기 때문이다. 시사 디베이트의 논제는 주로 사회현상과 국가 정책 등을 다루는 정책 논제가 많다.

　디베이트를 할 때 다루는 논제의 유형은 사실 논제, 가치 논제, 정책 논제 등 세 가지다.

　먼저 사실 논제는 사실의 진위 여부를 파악해 핵심 쟁점이

참이냐 거짓이냐를 판단하는 것이다. 주로 역사적 사실을 다루며, 검사와 변호사가 벌이는 법정 공방이 대표적인 사례이다. 논제의 경우 정확한 정보와 사실을 바탕으로 입증해야 하기 때문에 전문가의 의견이나 과학적 연구 결과 등이 중요한 근거가 된다.

가치 논제는 가치관과 사고방식의 차이를 판단하는 것으로 어떤 가치가 다른 가치에 비해 우선된다고 주장하는 논제 유형이다. 가치 논제는 다양한 갈등 상황에서 스스로 합리적인 판단을 할 수 있도록 생각하는 힘을 길러주기 때문에 청소년이 올바른 가치관과 태도를 형성하는 데 도움을 준다.

마지막으로 정책 논제는 새로운 정책에 관한 문제 인식과 해결 방안을 논하고 구체적인 실행을 어떻게 할 것인가에 대해 판단하는 것이다. 정책 논제는 우리의 삶에 산재해 있는 많은 문제를 해결해야 하기 때문에 가장 많이 다루어지는 논제 유형 중 하나이다.

시사 디베이트 논제가 주어지면 아이들은 논제와 관련된 신문기사나 레포트, 논문 등 자료를 리서치해야 한다. 시사 디베이트에서 논제를 정확하게 이해하고 자신의 주장을 논리적으로 펼치기 위해 관련 자료를 충분히 읽고 그 내용을 숙지하는 것은 필수이다. 논제에 관한 자료를 충분히 확보한다면 반은 이긴 것이나 다름없기 때문에 디베이트를 준비하는 단계에서 리서치는 매우 중요하다. 그러나 논제의 개념이나 정의, 사회적 배경, 찬반 입장에 따른 다양한 자료를 찾는 것이 쉽지 않다.

우리는 인터넷을 통해 시공간의 제약을 받지 않고 수많은 정보를 얻을 수 있는 시대에 살고 있다. 인터넷을 이용해 자료를 찾는 것이 가장 쉽고 간단하다. 그러나 간단한 만큼 자료 선택에 신중을 기해야 한다. 검색창에 논제와 관련된 중요 어휘를 입력하여 필요한 정보를 검색한다. 리서치는 양보다 정보의 질이 중요하기 때문에 인용하는 정보는 신뢰할 수 있어야 한다. 검색창에서 찾은 검색 결과 중 블로그나 카페 글은 작성자의 주관이 강하게 들어 있고, 내용의 사실 여부가 검증되지 않은 글로 신뢰성이 낮으므로 가급적 참고하지 않는 것이 좋다.

뉴스나 신문 등 미디어에 소개된 기사는 신뢰성 있는 글로 볼 수 있다. 기사를 발췌하고 인용 활용할 때는 반드시 출처를 밝혀야 한다. 정보는 계속해서 변하기 때문에 예전 자료보다는 최신 자료를 선택하는 것이 신뢰성을 높일 수 있다. 또한 찬성과 반대의 입장에서 논증을 세우고 근거를 제시해야 하므로 찬성과 반대 자료를 비슷한 비율로 수집하는 것이 좋다.

아이들의 수준에 맞게
논제 정하기

초 · 중 · 고등학교 아이들을 대상으로 시사 디베이트를 할 때는 아이들의 수준과 관심, 흥미를 고려해 논제를 정해야 한다. '청소년의 아르바이트는 바람직하다', '청소년기에 이성 친구를 사귀는 것은 바람직하다', '학교 벌점제는 바람직하다', '청소년의 day 문화는 바람직하다', '외모도 경쟁력이다' 등 학생들의 관심과 흥미를 끌 만한 논제로 시작하는 것이 좋다. 이후 익숙해지면 '학교 폭력 방관자를 처벌해야 한다', '의무투표제를 도입해야 한다', '징벌적 손해배상제를 실시해야 한다', '원자력 발전, 계속 추진해야 한다' 등 다소 무겁고 어려운 논제까지 다루는 것이 좋다.

처음부터 어려운 정책 논제로 시사 디베이트를 진행하면 자료 찾는 능력과 배경지식이 부족한 아이들에게는 어렵게 느껴질 수 있다. 시사 디베이트를 처음 하는 아이들 중에는 리서치 경험이 없는 경우가 많기 때문이다. 검색창에 어떤 키워드를 넣어야 할지, 필요한 정보를 어디서 찾아야 할지, 또 내게 필요한 정보가 어떤 것인지도 잘 모른다.

이러한 시행착오를 겪지 않기 위해서는 앞에 소개한 절차에 따라 리서치를 하면 된다. 디베이트를 여러 번 하고 다양한 글을 접하면서 깊이 있는 여러 배경지식을 쌓을 수 있다. 배경지식이 많을수록 이해력이 높아지고 글의 내용을 잘 기억하게 한다.

시사 디베이트는 청소년기에 겪는 문제점이나 사회 구성원으로서 알아야 할 내용에 대해 고민해보고 관심을 갖게 해준다. 또한 동시대를 살아가는 다른 사람들에게 관심을 갖게 하고, 문제를 해결하는 능력도 향상시킨다. 정보를 찾고 활용하는 능력은 4차 산업혁명 시대를 살아가야 하는 우리 아이들에게는 필수 조건이다.

문학 디베이트는
인성 교육의 출발이자 완성이다

　　요즘 각종 매체를 통해 너무 잔인하고 엽기적인 기사를 많이 접한다. 사회가 급변하다 보니 자신을 성찰할 시간이 부족하고, 인간성이 존중되기보다는 물질과 외모, 성공지향적 삶에 초점이 맞춰져 점점 인간성, 즉 인성이 메마른 사회가 되고 있다.

　　우리는 그 어느 때보다 '인성'이 중요시되는 시대에 살고 있다. 인성이란 사람의 성품, 또는 살아가는 데 기본적으로 갖추어야 할 사람됨, 태도를 말한다. 요즘 공교육에서는 인성 교육에 힘을 쓰고 있다. 학교 행사, 방과 후 활동, 자율 활동, 창의적 체험 활동이나 동아리 활동, 봉사 활동, 진로 활동 등 체험이나 활동, 실천 위주의 인성 교육을 수행하고 있다.

"인성은 타고나는 것이 아니라 학습으로 익히는 것이다."

교육전문가 조벽 교수는 《인성이 실력이다》에서 "인성이 진정한 실력"이라고 말한다. 그는 "미래에는 더더욱 인성이 리더십에 필수적인 요인이 될 것이다. 우리는 인성에 투자해야 하고, 인성을 실력의 범주에 두어야 한다."라고 강조한다.

그렇다면 우리 아이를 위해 인성 교육을 하려면 어떻게 해야 할까? 인성 형성에는 성장하면서 어떤 가치관을 갖게 되느냐가 중요하다. 가치관은 '옳은 것, 바람직한 것, 해야 할 것 또는 하지 말아야 할 것 등에 관한 일반적인 생각'을 말한다. 이러한 의미에서 보았을 때 바람직한 가치관을 형성하고 최고의 인성교육을 하려면 문학 디베이트를 해야 한다.

인성 교육, 문학 디베이트로

독서 중 가치관 형성에 가장 도움이 되는 장르는 '문학'이다. 문학 작품은 다양한 사람들의 인생을 담고 있으므로 개인과 사회의 정체성이 투영되어 있다. 우리는 문학 작품을 통해 간접 경험을 하고, 새로운 것들을 배우고 익히며, 작품 속 인물에 감정을 이입해 공감한다. 문학 작품을 많이 접할수록 상상력이 풍부해진다. 문학 작품을 통해 인생이 무엇이며, 어떻게 살아야 하는지를 배울 수 있다.

문학 디베이트는 문학 텍스트에 대한 이해의 심화를 목적으로 한다. 문학 디베이트의 논제는 문학 작품 안에 담겨 있는 가치관의 문제를 주로 다룬다. 문학 작품에서의 가치관은 관점에 따라 해석이 다양하기 때문에 찬반의 쟁점이 가능하다. 문학 디베이트의 논제 유형은 주로 가치 논제다.

《대치동 독토쌤은 독서 토론논술을 어떻게 가르치는가?》를 쓴 신현숙 저자는 문학 디베이트의 가치 논제는 다음과 같은 조건이 충족되어야 한다고 말한다.

첫째, 책의 주제를 잘 알아볼 수 있는 논제
둘째, 아이들의 생각이 한결 깊어지고 인생에 대한 이해를 돕는 논제
셋째, 지혜가 생기고 쌓이도록 돕는 논제
넷째, 생각의 다양성을 경험하게 해주는 논제

문학 디베이트는 책 자체가 가치관을 담고 있는 내용이 중

심이 되기 때문에 가치관 교육이 저절로 이루어진다. 또한 책에 나오는 다양한 등장인물의 성격을 분석하면서 자연스럽게 비판적 사고를 하게 된다. 이러한 과정을 통해 책에 담겨 있는 위대한 사상과 정신을 받아들임으로써 세상을 이해하는 사고의 힘을 기를 수 있다.

우리 학원에서 진행하고 있는 문학 디베이트 중에서 많은 아이들이 공감하는 대표적인 작품은 《트루먼 스쿨 악플 사건》이다. 이 책은 익명성이 보장된 인터넷 공간에서 무심코 뱉은 한마디가 다른 사람에게 어떤 상처를 주는지 섬세하게 그린 청소년 문학작품이다. 내용은 다음과 같다.

트루먼 중학생이 운영하는 '트루먼의 진실 사이트'에 어느 날 익명으로 누군가 교내에서 가장 인기 있는 여학생 릴리를 모함하는 악플을 올린다. 악플의 내용은 순식간에 전교생에게 알려지게 되고, 릴리는 친한 친구들에게까지 왕따를 당한다. 그 충격을 이기지 못한 릴리가 가출을 하면서 학교는 발칵 뒤집힌다. 그후 트루먼의 진실 사이트는 폐쇄된다.

이 책의 논제는 '트루먼의 진실 사이트는 폐쇄되어야 한다'가 적당하다. 아이들이 찾은 논제에 대한 찬성과 반대의 쟁점은 다음과 같다.

찬성	첫째, 운영자가 제대로 관리하지 않았다.
	둘째, 릴리는 마음에 큰 상처를 입고 전학을 갔다.
	셋째, '트루먼의 진실' 사이트가 다시 악용될 수 있다.
반대	첫째, '트루먼의 진실' 사이트는 트루먼 중학교 학생들의 유일한 소통공간이다.
	둘째, 규칙을 보다 엄격히 정하면 된다.
	셋째, 학생들이 잘못한 것이다.

요즘 인터넷 공간에서는 익명성이 보장된다는 이유로 욕설과 비방, 인격 모독이 수시로 일어나 사회적으로 큰 문제가 되고 있다. 아직 판단력이 부족한 청소년들은 하지 말라고 야단쳐도 재미있다는 이유로 악성 댓글을 단다. 피해를 당하는 사람의 정신적 고통에 공감하지 못하기 때문이다.

《트루먼 스쿨 악플 사건》을 읽은 아이들은 문학 디베이트를 통해 무심코, 그리고 무분별하게 자행되고 있는 사이버 폭력의 심각성을 깨닫게 된다. 그리고 학생들 스스로 해결해나갈 수 있는 방안을 모색하게 만든다. 이런 경험은 사이버 공간에서의 올바른 소통 방법을 알게 해준다.

이 책은 청소년의 섬세한 심리가 탁월하게 묘사되어 있기 때문에 책을 읽은 아이들은 악플로 인해 깊은 상처를 받아 가출까지 한 릴리의 고통에 공감하게 된다. 이러한 공감의 경험은 아이들의 감성 능력을 키워 인성 교육에 도움이 된다.

인성 교육의 적기는 14세 이전이라고 한다. 청소년기는 인생관과 세계관을 정립하는 매우 중요한 시기이다. 가치관의 정립은 현재뿐만 아니라 미래의 인생을 좌우하는 열쇠가 된다. 그러나 우리나라의 청소년들은 입시 위주의 교육으로 인해 자신의 삶의 방향을 그려볼 시간이나 가치관 형성에 도움이 되는 경험을 할 기회가 많지 않다. 그러다 보니 고등학교 3학년이 되어서도 전공하고 싶다거나 가고 싶은 대학을 정하지 못해 성적대로, 또는 주변의 권유대로 자신의 운명을 맡긴다. 이렇게 성장한 학생들은 성인이 되어서도 가치관의 혼돈으로 방황한다. 가치관이 확립 안 된 청소년들에게는 확고한 가치관을 심어주고, 세상을 긍정적으로 살아가도록 이끌어줄 인성 교육이 절실히 필요하다.

문학 디베이트는 인성 문제를 주로 다루기 때문에 삶의 본질을 찾는 데 도움을 주며 통찰력을 갖게 한다. 그러므로 어떻게 사는 것이 옳은 것인지 고민하게 하고, 어려움이 닥쳐도 꿋꿋이 이겨낼 수 있도록 긍지와 자신감을 심어줄 수 있는 문학 디베이트를 경험해보는 것이 좋다.

비문학 디베이트는
지적 호기심을 자극한다

많은 학부모들이 자녀가 청소년 시기에 고전문학을 읽기를 원한다. 고전문학은 다양한 군상들의 삶과 인생의 고뇌가 담겨 있어 청소년들이 가치관을 형성하는 데 많은 도움을 주기 때문이다. 그러나 대부분의 아이들은 고전문학을 어려워한다. 대체적으로 서사보다는 묘사적인 표현이 많고 주제가 어렵기 때문이다. 고전문학을 읽어도 시대적인 배경과 작가가 그 책을 통해 풍자, 또는 비유, 상징하고자 하는 부분을 모르면 고전문학을 반도 이해하지 못한 것과 같다.

예를 들어 조지 오웰의《동물농장》을 이해하기 위해서는 먼저 우화라는 장르를 이해해야 한다. 우화는 동물을 통해 현실을 비유와 풍자하는 문학이다. 이 책을 잘 이해하기 위해서는 작가 조지 오웰의 출신과 성장 배경, 사고, '러시아 혁명'이라는 당시 시대적 배경을 알아야 한다. 그리고 러시아 혁명을 이해하기 위해서는 마르크스의 사회주의를 이해해야 하며, 사회주의의 등장 배경이 된 산업혁명, 즉 부르주아의 착취와 빈곤한 노동자 계층의 삶을 이해해야 한다. 결국 고전문학은 충분한 역사적인 배경 지식 없이는 제대로 된 독서를 했다고 보기 어렵다.

수능 국어에서 출제되는
비문학 문제 해석

매년 11월 셋째 주 목요일은 우리나라 '대학수학능력시험'이 치러지는 날이다. 수능은 아이들의 미래를 결정짓는 중요한 날이기 때문에 국가적으로도 큰 행사이다. 수능 시험이 끝나고 나면 출제 문제에 대해 전문가들의 다양한 분석이 쏟아져 나온다. 나는 전문가들의 분석 중 국어에 가장 많은 관심을 갖는다. '수능 국어 성적이 대학의 당락을 가른다'는 말이 나올 정도로 중요해졌기 때문이다.

수능 국어가 어려운 이유 중 하나는 비문학이 차지하는 비율이 3분의 1 정도로 높기 때문이다. 그리고 그 비율이 해마다 높아지고 있어 많은 아이들이 부담을 느끼고 있다. 비문학 지문이 길고 난이도도 높고 지문당 문항 수가 많기 때문에 아이들의 부담이 가중되는 것이다. 그래서 아이들은 국어 성적을 올리기 위해 국어학원에 다닌다든가 참고서나 문제집에 더 의존하게 된다.

평상시 독서를 하지 않는 아이들이 학원에 다니면 점수가 약간 오를 수는 있겠지만 미봉책에 불과하다는 것이 전문가들의 공통적인 의견이다. 특히 비문학 독서를 하지 않은 아이들은 일정 수준 이상의 성적을 받기 어렵다.

이런 문제를 해결하기 위해서는 비문학 독서, 특히 과학, 사회, 경제 분야의 글을 읽는 독서를 해야 한다. 비문학 독서는 학습에도 도움을 주기 때문에 아이들에게 반드시 필요하다.

비문학 디베이트를 하면 전문 분야 책 읽기와 입론서 작성, 디베이트를 통해 반복 학습의 효과를 얻을 수 있다. 즉 어휘력 향상은 물론 개념 이해와 인과관계에 대한 이해, 그리고 창의성 향상, 논리적인 문제 해결력을 키울 수 있다. 지금부터 비문학 디베이트를 살펴보겠다.

비문학 디베이트

비문학 디베이트는 과학, 사회, 경제 등 사회과학 분야의 글을 읽고 디베이트를 하는 것이다.

우선 과학 디베이트는 과학적 지식을 다룬다. 이때 과학이 절대 불변의 진리가 아니며, 수정과 보완되는 과정을 통해 변화하고 발전할 수 있다는 것을 알려준다.

갈릴레이 갈릴레오가 처음 지동설을 주장했을 때 중세 시대 사람들은 기독교 사상의 영향을 받아 대부분 천동설을 믿고 있었다. 교황청은 지동설을 주장한 갈릴레오에게 유죄를 선고했다. 여기에서 정할 수 있는 논제는 '교황청으로부터 유죄 판결을 받은 것이 옳은 일인가?'이다.

19세기 과학자 다윈은 《종의 기원(The Origin of Species)》을 통해 진화론을 주장했고, 이는 사람들이 믿고 있던 우주 만물을 하나님이 창조했다는 창조론에 반대되는 학설이었다. 여기에서 정할 수 있는 논제는 '다윈의 진화론은 창조론에 비해 타당한가?'이며, 디베이트를 통해 진화론의 정당성에 대한 논리를 배울 기회가 된다.

20세기 최고의 과학자라는 찬사를 받는 아이슈타인과 에디슨의 이야기를 읽고 현대 물리학의 발전 과정과 그들이 이룬 업적, 그로 인한 피해, 예를 들면 아인슈타인의 상대성 이론을 근거로 만들어진 원자폭탄에 관한 피해까지 디베이트를 통해 비판해 볼 수 있다.

에너지를 주제로 한 과학 디베이트를 통해 현대 인류의 최대 과제인 에너지, 원자력과 재생에너지에 대한 장단점을 알 수 있다. 환경 분야에서는 날로 심각해지는 지구온난화와 미세먼지, 그리고 해양오염에 대한 문제점과 해결방안을 생각해보게 된다. 또 최근 가장 큰 화두인 4차 산업혁명에 대한 정보와 전망에 대해서 조사하고, '인간과 로봇의 공존이 가능한가?'에 대한 논제를 정해 디베이트를 하면 인공지능에 많은 관심과 호기심을 갖게 할 수 있다.

사회 분야에 관한 디베이트는 가정이나 학교, 지역사회에서 벌어지는 문제에 관해 생각하고 해결할 수 있도록 해준다. 더 나아가 아이들이 국가뿐만 아니라 지구촌 사람들 사이에서 일어나는 사회현상과 공동으로 해결해야 할 문제점 등에 관심을 갖게 한다.

예를 들면《10대를 위한 정의란 무엇인가?》는 '정의로운 사회를 위해서는 무엇이 우선되어야 하는가?'를 논제로 정하고 토론하면 학생들 스스로 '정의'와 '좋은 삶'에 관해 고민해보는 시간을 갖게 할 수 있다.

또한《평화를 기다리는 아이들》을 읽고, '국가의 이익을 위해서 전쟁을 해도 되는가?'라는 논제를 정해 토론하면 평화를 위한다는 명목으로 일으킨 전쟁이 얼마나 모순된 행위이며, 피해자는 물론 전쟁에 참여한 군인들까지 많은 피해를 입게 된다는 점을 이해하고 공감하게 된다.

《세상에 대하여 우리가 더 잘 알아야 할 교양 31》은 '투표와 선거, 과연 공정할까?'라는 주제를 다루고 있는데, 투표는 우리의 현실과 직접적인 관련을 맺고 있는 문제이다. '투표를 통한 선거제도는 국민의 의사를 제대로 반영하는가?'를 논제로 정해 정당의 조건은 무엇인지, 선거는 어떠한 과정을 거쳐 시행되는지, 후보자가 갖추어야 할 자격은 어떤 것인지 등 질문을 하고 유권자로서의 올바른 권리를 행사할 수 있도록 도움을 준다.

우리나라 학교에서는 금융이나 돈, 경제에 관해 제대로 교육하고 있지 않다. 하지만 미국은 43개 주에서 금융을 교육 과정에 포함하고 있고, 영국도 11~16세까지는 금융 교육을 의무적으로 이수해야 한다. (참고 : 〈브릿지경제〉, 2016. 1. 25.)

경제는 어렵고 딱딱한 용어가 많다. 그래서 경제 디베이트는 학생들의 흥미와 관심을 끌 만한 쉬운 내용부터 시작해야 한다.《경제 속에 숨은 광고 이야기》를 읽고 '광고에서 과장은 정당화될 수 있는가?'에 관한 논제를 정해 토론하면 광고가 어린이들의 의식과 행동에 어떤 영향을 주는지 알게 된다.

이후《청소년을 위한 세계경제원론 1~4》를 읽고 통화량 증가와 주식 투자에 대한 올바른 인식, 정부의 경기침체 해결 방안, 그리고 세계화 등 심화과정으로 디베이트를 진행한다. 세계 경제의 문제점을 짚어본 뒤 실생활에서 벌어지는 경제 문제를 살펴보고. 경제의 기본 개념과 용어를 익히게 함으로써 차츰 경제를 보는 안목을 기르게 해주는 것이다.

과학, 경제, 사회를 제대로 알아야 현재는 물론 미래를 행복하게 살아갈 수 있다. 우리 아이들이 비문학 디베이트를 통해 과학, 경제, 사회 분야에 호기심을 갖게 해야 한다. 이를 위해 우리 학원에서는 과학, 경제, 사회, 문학 분야를 중심으로 '융합독서 디베이트 기초과정'을 진행하고 있고, 그다음 단계인 '융합독서 디베이트 심화과정'을 통해 세계사를 중심으로 과학, 문학, 사회, 경제, 미술, 음악, 영화 등 과목별로 융합된 수업을 진행하고 있다.

역사 디베이트는
올바른 세계관을 갖게 한다

    민우와 민석이는 초등학교 예비 5학년 쌍둥이로, 우리 학원에서는 한국사 디베이트부터 참여했다. 민우, 민석이는 동화책은 좋아하지만 역사책은 만화로만 접하고 줄글로 된 책은 거의 읽은 적이 없다고 했다. 그래서인지 일주일에 책 한 권 읽는 것을 많이 부담스러워했고, 책을 읽고 난 후 이해력이나 논제에 맞는 찬성과 반대의 주장을 찾아 메모하는 것을 어려워했다. 성실한 아이들이라 숙제는 항상 해왔지만 주장이 논제에 맞지 않거나 주장이 너무 길어 무엇을 말하는지 글에 요점이 드러나지 않았다. 입론서를 작성할 때도 근거를 제대로 찾지 못해 시간이 많이 소요되었다. 다행히 삼국 시대를 공부하면서 책을 읽고 이해하는 것이 좀 나아졌다.

문제는 디베이트를 할 때였다. 두 아이가 모두 소극적이고 내성적인 아이다 보니 말하기를 두려워했다. 질문이나 반론 과정에서 답변을 못하거나 재반론을 못할 경우 눈물을 흘리기도 했다. 그래서 디베이트 경험이 많고 친절한 아이들을 민우와 민석이의 상대팀으로 해 그 아이가 디베이트를 이끌도록 했다.

찬반 주장 찾기와 입론서 작성 훈련이 충분히 된 후에는 쌍둥이를 각자 상대팀 자리에 앉게 했다. 디베이트를 경험해 주장과 질문, 반론이 어떤 것이고 어떻게 해야 하는지 알게 된 후 민우와 민석이는 목소리는 작지만 디베이트에 참여할 수 있게 되었다. 자신감을 갖고 목소리가 커지는 데는 6개월 이상이 걸렸지만, 팀원들 중 입론서 작성이 가장 빨라졌으며, 누구와도 디베이트를 할 수 있게 되었다. 특히 하브루타를 할 때는 구체적인 꼬리질문까지 할 수 있을 만큼 실력이 향상되었다.

5학년이 된 민우와 민석이는 "학교 수업에서 역사 수업이 제일 재미있다"라고 말한다. 선생님이 설명할 때는 자기도 모르게 반론을 하고 싶어지기까지 했다는 것이다. 디베이트는 소극적인 아이도 이렇게까지 변화시킨다.

한국사는
암기과목이 아니다

'우리는 왜 역사를 배우는 것일까?'

'왜 시대와 장소를 달리하는 과거의 일에 관심을 가져야 하는가?'

역사를 공부하면서 한 번쯤 이런 질문을 생각해 보았을 것이다. 역사를 배우는 아이들이 자주 하는 질문이기도 하다. 수능에서 선택 과목이었던 한국사가 2017학년도부터 수능 필수 과목이 되었고, 한국사 국정교과서 편찬 논란에 한동안 온 나라가 혼란을 겪었다. 학생들은 수능에 나오니 문제를 풀기 위해 암기해야 하는 과목으로 한국사를 생각한다.

학생들은 초등학교 5학년 2학기부터 6학년까지, 중학교 2학년부터 역사를 배우고, 고등학교에서는 수능 필수과목이기 때문에 역사를 공부하고 시험을 봐야 한다, 공무원이 되기 위해서도 한국사는 필수 과목이다.

그런데 공교육 과정에서 짧은 기간에 많은 분량의 역사를 가르쳐야 하기 때문에 교과서보다는 교사가 요약정리해서 만든 유인물을 중심으로 수업을 진행하는 경우가 많다. 또 학부모들 사이에서는 역사 선행 학습이 필수처럼 돼버려 초등학교 고학년이 되기 전에 역사 수업을 마스터한다. 사교육 시장에서는 한국사 개인 교습뿐만 아니라 역사 그룹 수업도 활발히 진행되고 있다.

1년에 네 번 치르는 '한국사능력검정시험'에는 초등학생부터 성인까지 수많은 사람들이 응시한다. 이 시험을 준비하기 위해 공교육 방과 후 수업은 물론 개인 또는 그룹 수업과 학원 수업이 성행하고 있고, 온라인에서도 한국사능력검정시험 대비 교육이 성황이다. 이러한 교육의 공통점은 선생님이나 강사의 일방적인 설명과 방대한 양의 정보를 주입식으로 암기한다는 것이다. 그래서 막상 배웠어도 시간이 지나면 까맣게 잊어버린다.

우리는 왜 역사를 배우는 것일까? 역사는 과거의 일들이 하나하나 쌓여서 현재의 모습이 된 것이고, 현재 우리에게 벌어지고 있는 일들이 쌓여 미래의 모습이 되는 것이다. 역사를 배워야 하는 가장 중요한 이유는 올바른 역사관은 올바른 세계관을 갖게 해 세상을 긍정적으로 보게 하고, 아이들이 주체적으로 살아가는 토양이 되기 때문이다.

역사 교육에서 가장 중요한 것은 역사적 사건이나 인물에 대한 '비판적인 시각이 있느냐?' 하는 것이다. 모든 역사책은 서술자의 관점과 역사관이 반영된다. 서술자 자신도 그가 속한 시대의 사회적 제약을 받거나 당대의 가치관을 반영할 수밖에 없다. 그래서 어떤 사관을 갖느냐, 즉 어떤 관점으로 역사를 바라보느냐에 따라 역사에 대한 해석이 달라질 수 있다.

역사 교육에서 가장 중요한 역사적 사건이나 인물에 대한 비판과 서술자의 사관을 판단하려면 역사 디베이트를 해야 한다. 역사 디베이트는 역사적인 중요한 사건이나 인물의 행동을 중심으로 찬성과 반대의 입장에서 나올 수 있는 쟁점사항을 논제로 삼아 토론하는 것이다. 디베이트 준비와 디베이트 방법은 앞에서 소개한 디베이트의 형식과 같다.

역사 디베이트

역사 디베이트를 하기 위해서는 먼저 논제에 대한 시대적 배경과 원인, 과정과 결과에 대한 역사적 사실을 정확히 아는 것이 중요하다. 다양한 관점에서 역사적 사건을 바라보고 다른 자료를 찾아보는 것도 중요하다. 예를 들어 '흥선대원군의 쇄국 정책은 올바른 결정이었는가?'에 대한 논제로 디베이트를 할 경우 알아보아야 할 역사적 사실은 다음과 같다.

흥선대원군은 대내적으로 세도정치의 폐단이 극에 치닫고, 대외적으로는 서구열강의 제국주의적 탐욕으로 혼란스러웠던 시기에 어린 고종을 대신해 섭정을 한다. 디베이트를 하기 위해서는 우선 흥선대원군의 대내·외적인 치적에 대해 알아보아야 한다. 특히 러시아의 남하정책으로 인한 위정척사파와의 대립과 병인박해, 구열강의 통상요구인 제너럴셔먼호 사건, 병인양요, 오페르트가 흥선대원군의 아버지 남연군의 묘 도굴을 시도한 사건, 신미양요 등은 중요한 근거가 된다. 이런 역사적 자료를 찾고, 쇄국 정책을 단행한 흥선대원군의 행동이 과연 올바른 결정이었는지에 대해 찬성과 반대의 쟁점을 찾고 근거를 준비하면 된다.

아이들이 찾은 찬성 입장에서의 쟁점 사항은 다음과 같다.

첫째, 조선의 정체성을 지키는 일이었다.
둘째, 자국 내에서의 개혁을 성공시킬 수 있었다.
셋째, 외세의 침략을 막았다.

반면, 반대 입장에서의 쟁점 사항은 다음과 같다.

첫째, 변화하는 세계의 흐름을 읽지 못했다.
둘째, 조선의 근대화가 늦어졌다.
셋째, 일본과 을사늑약을 맺는 계기가 되었다.

우리 학원에서는 위와 같은 방법을 통해 초등 5~6학년 학생들을 대상으로 1년 2개월 동안 한국사 디베이트를 진행한다.

"문화를 알기 위해서는 먼저 그 나라의 역사를 제대로 알아야 한다. 문화는 광범위하기 때문에 역사를 통해 배우는 것이 가장 효과적이기 때문이다. 그러기 위해서는 세계 여러 나라의 역사와 문화를 소개하는 책을 많이 읽어야 한다."《조승연처럼 7개 국어 하는 아이로 키우는 법》을 쓴 이정숙 작가의 말이다. 이정숙 작가는 세계사의 흐름 속에서 균형 잡힌 관점으로 쓰인 역사책을 읽히는 것이 좋다고 말한다.

인생을 살다 보면 선택해야 할 일이 많다. 선택이란 여러 것 중에서 하나를 골라잡는 것, 구체적인 결과를 가져오는 어떤 행위를 하거나 하지 않는 것이다. 선택의 순간까지는 사람이 선택을 지배하지만, 일단 선택을 하고 나면 선택이 사람을 지배한다. 따라서 모든 사람들에게는 '탁월한 선택능력'이 필요하다. 탁월한 선택능력이야말로 리더가 반드시 갖춰야 할 자질이다. 이 '탁월한 선택능력'은 올바른 역사관에서 비롯된다.

창의력을 키워주는
융합독서 디베이트

은채는 3학년 때부터 우리 학원에 다녔는데, 고집은 약간 있지만 차분하면서도 성실한 아이다. 은채가 처음 학원에 올 때만해도 문학 위주 책만 읽는 편독이 심한 아이였다. 은채의 편독 습관은 쉽게 고쳐지지 않았고, 5학년 한국사 디베이트를 할 때 한동안 힘들어했다. 다행히 성실하게 매주 책을 읽다 보니 3개월 정도 되었을 때 한국사 책 읽기가 조금 수월해졌다고 했다.

은채의 독서 패턴이 바뀌게 된 계기는 융합독서 디베이트 기초과정을 진행하고 몇 개월이 지나서였다. 은채는 처음에는 다른 아이들과 마찬가지로 과학, 사회, 경제 책을 읽고 개념을 이해하는 데 부담을 가졌지만, 한국사 디베이트를 통해 1주 1권 책 읽기와 입론서를 작성하는 훈련이 돼 있어 융합독서 디베이트에도 금세 적응했다.

과학, 사회, 경제, 세계사처럼 개념과 내용 이해가 중요한 과목은 먼저 하브루타를 통해 개념과 내용 이해를 확인한다.

《플라스틱 오염 재활용이 해답일까? – 세상에 대하여 우리가 더 잘 알아야 할 교양 45》는 플라스틱의 생성 과정부터 쓰레기로 버려져 자연을 오염시키는 과정, 이러한 문제를 해결하기 위한 대책을 아이들이 쉽게 이해할 수 있도록 쓰인 책이다.

은채는 짝과 함께 하브루타를 하면서 '플라스틱을 대체할 물질은 무엇인가?'라는 질문을 던졌다. 나중에는 '나노탄소는 무엇인가?'라는 다루고 있는 주제와 직접적인 관련이 없는 내용까지 꼬리질문을 했다. '나노탄소'는 지난달 과학 수업 시간에 《나노 기술 축복인가 재앙인가?》라는 필독서를 통해 배운 내용인데, 은채는 지난번에 배운 나노탄소의 개념이 잘 기억이 나지 않는다며 나에게 도움을 청했다. 설명을 들은 뒤에는 '그렇다면 나노탄소는 과연 플라스틱 대체 물질로 안전한가?'라는, 이번 시간에 배운 '플라스틱 오염'과 연결시킨 질문을 했다.

우리 학원에서는 초등학교 6학년 이상 중·고등학생들을

대상으로 융합독서 디베이트를 진행하고 있다. 대부분 디베이트 교육기관에서 시사와 문학을 위주로 디베이트를 하는 것과 다른 점이다. 우리 학원에서도 처음에는 시사와 문학 위주의 디베이트 수업을 진행했다. 아이들이 매주 책을 읽을 시간이 없다는 현실적인 이유 때문이었다. 그래서 한 주는 시사 디베이트로, 그다음 한 주는 문학 디베이트 수업을 했다.

아이들이 자료를 찾고 책을 읽는 데 익숙해진 후 '좀 더 다양한 분야의 책을 읽게 하자'는 욕심이 생겼다. 그래서 세계사, 과학, 사회, 경제 분야의 책을 선정해 독서 디베이트의 영역을 넓혔다.

처음에는 아이들로부터 "과학은 전문가들의 연구결과로 이미 결론이 난 내용을 가지고 우리가 어떻게 찬성과 반대의 근거를 찾고 반론할 수 있느냐?", "사회와 경제는 용어와 개념이 너무 어렵다."는 불평을 들어야 했다.

나는 과학, 사회, 경제, 세계사 분야 책 중에서 아이들 수준에 맞고 분량도 적당한 책을 찾기 시작했다. 그러나 디베이트를 할 수 있는 내용을 가진 책은 생각보다 많지 않았다. 디베이트를 하기 위해서는 책 내용에 찬성과 반대의 대립점이 분명한 주장과 근거가 들어 있어야 한다. 인터넷 도서점이나 도서관에서 관련 책을 샅샅이 찾아보았다. 지금은 경험과 노하우가 쌓이면서 디베이트가 가능한 다양한 책들을 상당히 많이 찾게 되었고, 현재 아이들과 재미있게 융합독서 디베이트를 하고 있다.

융합독서 디베이트를 시작하면서 아이들은 다양한 분야의 책에 흥미를 가지고 재미있게 읽게 되었다. 1년 2개월 동안 한국사 디베이트를 했던 것이 큰 도움이 되었다. 한국사 디베이트를 통해 찬성과 반대의 쟁점 찾기와 근거 찾기, 그리고 입론서 작성은 물론 반론과 질문하는 훈련이 충분히 되었기 때문이다.

융합독서
디베이트

우리 학원에서는 융합독서 디베이트 프로그램을 두 가지로 세분화시켜 진행하고 있다. 지금까지 소개한 프로그램은 '융합독서 디베이트 기초과정' 프로그램으로 1년 과정으로 진행하고 있고, '융합독서 디베이트 심화과정' 프로그램을 별도로 진행하고 있다.

'융합독서 디베이트 기초과정' 프로그램을 소개하면 다음과 같다. 1개월을 4주로 생각하면 1주차는 세계사, 2주차는 과학, 3주차는 사회 또는 경제, 4주차는 문학을 디베이트한다. 시사는 5주차가 있는 달에 진행한다.

세계사는 매월 1회 진행하며, 서양 역사의 시작인 고대 이집트 피라미드 문명부터 시작해서 서양 고대사인 그리스와 로마의 역사로 이어지며 중세 말, 비잔틴 제국의 멸망까지 시대순으로 수업을 진행한다, 중국사는 고대와 중세까지 진행한다. 이 과정을 통해 세계 역사에 대한 관심을 가지게 하고 역사의 큰 흐름을 이해할 수 있다.

과학은 매월 1회 진행하며, 처음에는 쉬운 내용과 아이들의 흥미를 끌 만한 발명품에 관한 책부터 시작해 최근 이슈가 되고 있는 GMO 유전자조작식품, 미세먼지, 원자력, 지구 온난화, 인공지능까지 다룬다. 우리 학원에서 배운 아이들은 학교와 교육청에서 주관하는 과학토론대회에 참가해 대회 준비를 스스로 하고 상까지 받아온다.

사회는 경제와 격월로 번갈아가며 진행한다. 사회는 전쟁에 관한 책부터 시작해 학습에 도움을 줄 수 있는 정치 제도, 투표와 선거, 국제 관계, 통일에 관한 주제를 다루어 아이들이 사회에서 일어나는 일뿐만 아니라 국제 사회에 관심을 갖고 해결 방안을 모색해보는 시간을 갖는다.

경제는 아이들이 제일 어려워하는 과목이다. 그래서 용어나 개념이 쉽게 표현되어 있고 분량이 적고 하나의 주제를 다루고 있는 책으로 선정해 디베이트를 한다. 내용은 통화량과 주식, 경기침체, 세계화, 바람직한 소비문화, 글로벌 경제, 그리고 대한민국 경제의 역사까지 다룬다.

　대부분의 독서지도 프로그램에서는 경제 책을 다룰 때 짤막한 경제 상식이 많이 담긴 책을 텍스트로 삼는다. 그러나 너무 많은 정보가 담겨 있는 책은 디베이트하기 곤란하다. 책 내용을 다 다룰 수가 없을 뿐 아니라 찬성과 반대의 대립되는 쟁점이 담겨 있지 않기 때문에 되도록 하나의 주제를 다룬 도서를 선정하는 것이 좋다.

　마지막으로 문학은 현대문학과 고전문학을 격월로 수업한다. 문학 또한 처음에는 내용과 주제가 무겁지 않고 분량도 많지 않은 것으로 시작해야 한다. 먼저 익숙한 현대문학 작품《우리들의 일그러진 영웅》으로 시작하고, 다음으로《트루먼 스쿨 악플 사건》,《기억 전달자》,《두 친구 이야기》등을 선정한다. 고전문학을 읽으려면 문학의 시대적, 역사적 사건에 대한 배경지식이 있어야 한다. 잘 알려지고 비교적 분량이 적은《변신》을 비롯해 《인형의 집》,《나의 라임오렌지 나무》,《수레바퀴 아래서》,《파리 대왕》,《지킬 박사와 하이드 씨》등을 다룬다.

　이렇게 읽다 보니 우리 학원 학생들은 분야에 상관없이 책을 수월하게 읽는다. 또 입론서 작성은 물론 반론서와 최종 발언, 교차 조사 질문 작성을 평소에 하다 보니 논리력이 향상된다.

융합독서 디베이트를 하면 편독하지 않고 책에 대한 편견이 없어진다. 다양한 분야의 좋은 책을 1년에 50권 정도 읽고 그 책으로 디베이트를 하기 때문이다. 이것은 다른 어느 것으로 대체할 수 없는 양질의 종합 비타민을 꾸준히 섭취하는 것과 같다.

융합독서 디베이트로
지성의 근육을 키워라

소연이는 중학교 2학년 여학생이다. 책을 좋아하는 아이는 아니어서 우리 학원에 처음 왔을 때 학원에서 진행하는 필독서만 겨우 읽었다. 그래서인지 융합독서 디베이트 기초과정을 진행할 때 세계사 수업에 그다지 흥미를 보이지 않았다. 하지만 융합독서디베이트 심화과정을 하면서부터는 그 시대에 일어난 역사, 문학, 경제, 과학까지 전체적인 흐름을 이해할 정도로 발전했다.

소연이가 성장하게 계기는 프랑스 혁명을 배울 때였다. 프랑스 혁명 수업을 하기 전에 영국 혁명과 미국 독립 혁명을 배웠기 때문에 프랑스 혁명이 왜 일어나게 됐는지 시대적 배경을 폭넓게 이해하게 되면서 재미를 느꼈다.

융합독서 디베이트 심화과정에서는 수업을 시작하기 전에 아이들이 수업 내용에 대한 프레젠테이션을 준비하고 발표하는 시간을 갖는다. 소연이는 프레젠테이션을 할 때 프랑스 혁명의 원인과 과정, 결과를 한눈에 볼 수 있도록 핵심용어와 사진을 이용해 PPT 자료를 만들었으며 친구들이 이해하기 쉽게 발표도 잘했다.

처음에 프레젠테이션 과제를 내주었을 때 소연이는 PPT를 만들어본 적이 없다며 난감해 했고, 한글 파일로 겨우 자료를 만들어보냈다. 그런데 몇 번 프레젠테이션을 하면서 익숙해져 PPT 자료도 척척 만들게 되었다. 발표가 끝난 후 칭찬을 하자, 책을 읽고 스스로 자료를 찾아 공부하면서 역사적인 사건과 전개를 이해하는 데 많은 도움이 되었다며 스스로도 만족해했다.

융합독서 디베이트
심화과정

나는 《그물망 공부법》 책을 여러 번 읽으면서 '우리 아이들이 이 그물망 공부법을 하기 위해 가장 좋은 방법은 무엇일까?' 1년여를 고민했다. 기존 융합독서 디베이트 프로그램에 '다양한 분야의 책을 읽고 디베이트를 하되 하나의 주제로 연계된 독서 디베이트를 하면 도움이 될 것 같다'는 생각에 심화·확장된 프로그램을 기획하였다. 이 프로그램의 명칭은 '융합독서 디베이트 심화과정'으로 정하고, 문학과 비문학, 세계사를 다루는 융합독서 디베이트 기초과정의 심화 수업으로 진행하기 시작했다.

융합독서 디베이트 심화과정 프로그램은 르네상스부터 시작된다. 영국 혁명을 거쳐, 미국 혁명과 프랑스 혁명, 미국 남북전쟁, 제국주의와 제1차 세계대전, 러시아 혁명과 제2차 세계대전을 배우게 되고, 미·소 냉전체제와 동유럽 혁명, 소련 해체, 9·11 사태, 유럽연합과 세계 금융 위기 순으로 진행된다.

중국은 아편전쟁을 시작으로 중국 혁명을 이끈 쑨원, 마오쩌둥의 문화대혁명, 덩샤오핑과 중국식 자본주의까지 다룬다. 추가로 일본 막부시대와 일본 근대화의 초석이 된 메이지 유신, 청일전쟁과 러일전쟁에 이어 현대까지 다룰 계획이다.

융합독서 디베이트 심화과정 프로그램에서 배우는 르네상스 수업 내용을 일부 소개하겠다.

먼저 르네상스 시대를 이해하는 데 가장 중요한 역할을 하는 것이 세계사 수업이다. 《근대정신은 어떻게 탄생했을까?》를 읽고 '르네상스는 고대 문화의 부활이다'라는 논제를 정해 고대 그리스 문화와 중세시대를 비교해봄으로써 르네상스 시대와 근대의 탄생에 대해 이해하게 한다.

다음은 사회로, 《르네상스의 어둠》이라는 책으로 디베이트를 한다. 이 책의 내용은 르네상스 시대에 일어났던 '예술, 약탈, 해적, 전쟁, 흑사병, 종교개혁, 과학, 마녀, 노예, 제노사이드, 제국주의'를 다루고 있다. 이 책을 읽고 디베이트를 하면서 르네상스 시대에 있었던 유럽 역사의 빛과 어둠의 양면을 생생히 살펴본다. 디베이트 논제는 '르네상스는 빛의 시대이다'였다.

다음은 과학 분야이다. 갈릴레오의 일대기가 담긴 《물리학의 탄생과 갈릴레오》를 읽고 '갈릴레오에게 유죄 판결을 내린 교황청의 판단은 옳다'라는 논제를 정해 당시 과학의 발달과 콜럼버스의 신항로 개척에 큰 영향을 준 지동설과 천동설을 주장하는 교황청의 대립에 대해 알아본다.

르네상스 시대 하면 빼놓을 수 없는 문학 작품은 《돈키호테》(푸른숲주니어)이다. 이 책은 중남미 원주민을 대량 학살하고 약탈한 대가로 얻은 금과 은으로 세계 최고의 부를 누리던 스페인이 종교, 경제, 정치적인 이유로 주변국들과 전쟁을 하면서 점점 쇠락해가는 상황에서 쓰인 작품이다. 작가 세르반테스는 낭만주의 중세 기사 돈키호테를 통해 네 번이나 국가 파산을 선언한 펠

리페 2세를 풍자하고 있다. 이 책의 논제는 '돈키호테는 낭만적인 사람이다'로 정했다.

　이렇게 세계사와 사회, 과학 분야의 디베이트 수업을 통해 르네상스 시대를 이해하게 된 아이들은 돈키호테의 행동이 무엇을 풍자하고 있는지 알게 된다.

　르네상스 시대에 빼놓을 수 없는 것이 경제 분야이다. 《대항해 시대 사람들은 어떤 생각을 했을까?》(푸른나무+)는 중세를 지나 근대 자본주의로 치닫는 역사를 정치적, 경제적, 종교적 배경으로 나누어 설명하고 있다. 그중 경제적 배경을 중심으로 '대항해 시대는 경제적으로 긍정적인 발전을 가지고 왔다'라는 논제를 정해 디베이트를 한다. 아이들은 이 과정에서 중상주의와 동인도회사의 출현에 대해 이해하며, 프랑스 혁명과 제국주의를 이해하는 배경지식을 쌓는다.

　또 르네상스 시대를 대표하는 《레오나르도 다 빈치》(아이세움)와 《미켈란젤로》(아이세움)를 동시에 읽고 하브루타 수업을 진행한다. 아이들은 명작을 보면서 르네상스 시대 미술 작품의 특징과 두 화가의 작품세계에 대해 질문과 대화하는 시간을 갖는다.

　먼저, 레오나르도 다빈치의 작품 중 〈최후의 만찬〉으로 하브루타를 시작한다. 〈최후의 만찬〉에 대한 설명을 들은 아이들은 '예수님과 열두 제자는 어떤 이야기를 주고받고 있을까?', '유다는 과연 누구일까?', '먹고 있는 음식은 무엇인가?', '뒤에 보이는 배경은 무엇인가?', '구도는 왜 저렇게 설정한 것일까?' 등 다양한 질문을 했다.

〈최후의 만찬〉 하브루타는 단순한 미술 감상에서 벗어나 르네상스 시대의 역사와 성경 이야기, 그리고 르네상스 시대의 특징을 잘 보여주는 당대의 미술 기법과 레오나르도 다빈치라는 한 인물의 삶까지 관심을 갖는 계기가 된다.

미켈란젤로의 〈천지창조〉도 같은 방법으로 하브루타를 한다. 하브루타 후 '미켈란젤로보다 레오나르도 다 빈치가 더 위대한 예술가이다'라는 논제로 디베이트를 한다.

하브루타가 끝나고 아이들은 이구동성으로 "명화를 감상하는 것이 이렇게 재미있는 활동인지 몰랐다.", "학교 미술 수업도 이렇게 하면 좋겠다."라고 말한다.

르네상스의 마지막 수업은 에세이 쓰기로 마무리를 한다. 르네상스 시대를 배경으로 다양한 분야의 독서 디베이트를 한 아이들은 스스로 주제를 정한 후 서론과 본론, 결론에 맞게 개요서를 작성한다. 에세이는 그동안 배운 내용 중 두 개 이상의 분야를 연계하여 작성해야 한다. 에세이를 작성하면서 글쓰기 능력 향상은 물론 학생들 스스로 르네상스 시대를 얼마나 이해하고 어떻게 평가하고 있는지에 대해 알 수 있다.

2017년 6월, 제목도 생소한 TV 프로그램이 사람들의 이목을 끌었다. 〈알쓸신잡(알아두면 쓸데없는 신비한 잡학사전)〉이라는 이 프로그램은 각 분야 전문가들이 같이 여행을 하며 분야를 넘나드는 심도 있는 토론으로 시청자들의 큰 호응을 얻었다. 정치가 겸 작가, 소설가, 맛 칼럼니스트, 뇌공학 교수, 작곡가 겸 가수, 건축가 등 각 분야의 사람들이 막걸리와 빈대떡을 가운데 놓고 문학과 예술을 논하고, 역사와 철학, 정치 이야기를 한다. 〈알쓸신잡〉 출연진들이야말로 진정한 의미의 '융합형 인재'다. 이런 사람들을 '르네상스형 인간'이라고도 표현한다. 시청자는 그들의 이야기를 들으며 새로운 교양 지식을 접하고, 그들의 수다에 함께 합석한 것 같은 착각에 빠지게 된다. 그리고 내 아이도 이들 같은 융합형 지식인으로 키우고 싶다는 생각을 한다.

아이들을 다양한 분야에 관심을 갖게 하고 한계를 넘나드는 융합형 인재로 키우려면 융합독서 디베이트를 경험하게 해야 한다. 그러려면 부모부터 다양한 분야에 관심을 갖고 독서를 해야 한다. 조승연 작가의 "공부 잘하는 친구는 이겨도 공부 좋아하는 부모 둔 친구는 못 이긴다"는 말을 응원삼아 오늘부터 아이들과 함께 융합독서를 시작해보는 것은 어떨까 바라본다.

디베이트에 대한
궁금증 Q&A

Q 일주일에 1권 책 읽기가
어렵지는 않을까요?

A 당연히 그동안 책을 안 읽었던 아이는 일주일에 1권 책 읽기가 어려울 것입니다. 하지만 영어와 수학이 어렵고 싫다고 해도 쉽게 포기하지 않는 것처럼 독서 또한 영어, 수학만큼 반드시 해야만 합니다.

물론 한동안은 책 읽는 시간도 오래 걸리고 처음 읽는 분야의 책은 이해하기 어려울 수 있습니다. 그러나 '세상에는 공짜 점심이 없다'는 것을 아이들에게 이해시키고 그동안 책 읽는 수고를 안 한 만큼의 대가를 이제라도 치러야만 한다고 설득해야 합니다. 그렇지 않으면 나중에는 더 큰 대가를 치러야 하기 때문입니다.

한 주 한 주 징검다리 건너듯이 책을 읽으면 머지않아 책 읽기가 습관이 되어 책 읽는 기쁨까지 느끼게 될 것입니다. 결국 습관이 중요합니다.

Q 남자아이라서 그런지 글쓰기를 싫어하는데 어떡하죠?

A 대체적으로 남자 아이들은 글쓰기를 싫어한다고 알고 있습니다. 하지만 현장에서 아이들을 만나 보면 글쓰기 경험이 없어 글쓰기를 싫어하거나 부담스러워하는 경우가 많습니다.

글쓰기를 좋아하게 하는 가장 좋은 방법은 어릴 때부터 글쓰기를 자연스럽게 경험시키는 것입니다. 디베이트를 하면 논제에 대한 주장과 근거를 메모하는 것부터 시작됩니다. 디베이트 경험이 거듭되면 주장에 대한 근거를 문장으로 완성하게 되는데, 이 단계를 거치면서 자연스럽게 글쓰기 훈련이 됩니다. 이런 과정은 아이들의 부담을 줄여줄 뿐 아니라 서서히 긴 글쓰기 연습이 됩니다.

Q 디베이트를 하면서
논술을 따로 배워야 하나요?

A 절대 그렇지 않습니다. 디베이트 준비 단계에서 반드시 필요한 것이 '입론서 작성'입니다. 입론서는 논제에 대한 찬성과 반대 입장의 주장과 근거를 각각 A4용지에 작성해야 합니다. 입론서는 주장에 대한 객관적인 근거를 찾아 작성하기 때문에 그 야말로 설득력 있는 글쓰기, 즉 논술과 같다고 보면 됩니다. 쉽게 말해 입론서 틀만 없애면 논술문이 되는 거죠.

특히 디베이트에서는 찬성과 반대 입론서를 모두 작성해야 하기 때문에 그야말로 비판적인 글쓰기 훈련이 됩니다. 이런 과정을 매주 경험하면서 아이들의 글쓰기 능력은 일취월장합니다.

게다가 객관적인 근거를 찾아 작성하면서 배경지식을 쌓을 수 있는 기회가 되고, 책에서 근거를 주로 찾기 때문에 입론서 작성 시 어려워하지 않게 됩니다.

Q 기존 독서 토론 수업과
디베이트는 어떻게 다른가요?

A 기존 독서 토론 수업과 디베이트의 가장 큰 차이점은

'형식이 있느냐 없느냐'입니다. 기존 독서 토론은 형식이 없습니다. 게다가 찬성과 반대 입장을 먼저 정하고 토론 준비를 하기 때문에 대체적으로 자신이 맡은 입장에 대한 토론 준비만 합니다. 그렇기 때문에 토론의 최종 목표인 설득을 하는 과정에서 오류나 허점을 통한 반론과 질문으로 상대를 설득하기보다는 주장을 강요하거나 일부 토론자에게 발언 기회가 몰려 공정하고 다양한 의사소통이 되지 않습니다.

반면 디베이트는 '형식이 있는' 토론입니다. 여기에서 형식은 토론자 모두에게 공정한 기회와 발언시간이 주어진다는 의미입니다. 또한 형식을 갖추기 위해서는 찬성과 반대 모두에 해당하는 입론서를 작성해야 하고, 반론과 질문, 최종 발언도 미리 준비해야 합니다. 이러한 준비 과정은 좀 더 정확하고 수준 높은 디베이트를 하도록 이끌어줍니다. 즉 '형식이 디베이트의 수준을 만든다'라고 볼 수 있습니다.

Q 책을 잘 읽어왔는지 어떻게 체크하나요?

A 독서 디베이트는 책의 내용이나 개념을 정확히 이해하

고 기억하는 것이 가장 중요합니다. 책의 내용이 찬성과 반대의 주장과 근거가 되기 때문입니다. 그래서 매 수업 시간마다 평가지를 통한 읽기 능력을 테스트하고, 토론을 통해 아이 스스로 자신의 것으로 체화하도록 합니다.

Q 말하는 것을 어려워하는데 따라갈 수 있을까요?

A 디베이트에 처음 참가하는 아이들은 대부분 말하기를 두려워합니다. 입이 잘 안 떨어지기도 하고 말을 잘못하면 어떻게 하나 걱정이 되기 때문입니다. 말을 하더라도 목소리가 작습니다.

처음 시작하는 아이가 기존 팀에 들어올 경우 팀원 중 가장 친절하고 디베이트 경험이 많은 아이에게 코칭을 부탁합니다. 초보인 아이가 주장 찾는 방법부터 입론서 작성과 디베이트를 할 때 바로 옆자리에서 코칭해주면 생각보다 쉽게 합니다. 또는 교사가 직접 옆에서 가르쳐주기도 합니다. 이러한 과정을 통해 처음 온 아이는 편안한 분위기에 잘 적응하고, 같은 팀 친구와 빨리 친해집니다.

도서

신현숙, 《대치동 독토쌤은 독서 토론논술을 어떻게 가르치는가?》, 갈대상자, 2015

유시민, 《유시민의 글쓰기특강》, 생각의길, 2015

김성호, 《두 얼굴의 에너지, 원자력》, 길벗스쿨, 2015

방정환, 《만년샤쓰》, 길벗어린이, 1999

유동걸, 《토론의 전사 1, 2》, 해냄에듀, 2012

김미경, 《아트 스피치》, 21세기북스, 2014

전옥표, 《이기는 습관》, 쌤앤파커스, 2007

문서영, 《당돌하게 다르게 후츠파로 키워라》, 책읽는달, 2014

김연아, 《김연아의 7분 드라마》, 중앙출판사, 2010

스펜서 존슨 저, 이영진 역, 《누가 내 치즈를 옮겼을까?》, 진명출판사, 2015

김중태 외 11, 《창의융합 콘서트》, 엘도라도, 2013

정학경, 《내 아이의 미래력》, 라이팅하우스, 2017

이지성, 《생각하는 인문학》, 차이, 2015

류태호, 《4차 산업혁명 교육이 희망이다》, 경희대학교출판문화원, 2017

클라우스 슈밥 저, 송경진 역, 《클라우스 슈밥의 제4차 산업혁명》, 새로운현재, 2016

이영직, 《질문형? 학습법!》, 스마트주니어, 2010

정현모, 《유대인의 공부》, 새앙뿔, 2011

힐 마골린 저, 권춘오 역, 《공부하는 유대인》, 일상이상, 2013

홍익희, 《유대인 창의성의 비밀》, 행성B, 2013

전성수, 《부모라면 유대인처럼 하브루타로 교육하라》, 예담Friend, 2012

윤종록, 《후츠파로 일어서라》, 멀티캠퍼스하우, 2016

김명미, 《초등 읽기능력이 평생성적을 좌우한다》, 글담출판, 2008

송재환, 《초등1학년 공부, 책 읽기가 전부다》, 예담Friend, 2013

이권우, 《책 읽기의 달인 호모 부커스》, 그린비, 2008

조벽, 《인성이 실력이다》, 해냄, 2016

정한섭, 《토론의 전사 4》, 한결하늘, 2017

송재환, 《초등고전 읽기혁명》, 글담출판, 2012

김계영, 《청소년을 위한 서양문학사》, 두리미디어, 2006

이정숙, 《조승연처럼 7개 국어 하는 아이로 키우는 법》, 한솔수북, 2016

김상훈, 《외우지 않고 통째로 이해하는 통세계사》, 다산에듀, 2011

크리스티아네 오퍼만 저, 한대희 역, 《청소년 경제수첩》, 양철북, 2007

전민자 외 5인, 《지도사를 위한 독서디베이트 가이드 북》, 나무미디어, 2016

최은희, 《독서디베이트》, 글누림, 2014

마거릿 로벤스타인 저, 권혁 역, 《르네상스형 인간》, 돋을새김, 2009

조승연, 《그물망 공부법》, 조승연, 21세기북스, 2012

도리 힐레스타드 버틀러 저, 이도영 역, 《트루먼 스쿨 악플 사건》, 미래인, 2008

조승연, 《New 공부기술》, 더난출판사, 2009

김지원, 《입시에 통하는 인문고전 읽기》, 라온북, 2016

정성호, 《유대인》, 살림, 2003

한국교육연구네트워크 총서기획팀, 《핀란드 교육혁명》, 살림터, 2010

황연성, 《신나는 디베이트》, 이비락, 2011

케빈 리, 《대한민국 교육을 바꾼다, 디베이트》, 한겨레에듀, 2011

위문숙, 《세더잘 4차 산업혁명, 어떻게 변화되어야 할까?》, 내인생의책, 2018

현용수, 《탈무드》, 동아일보사, 2009

미하엘 엔데 저, 한미희 역, 《모모》, 비룡소, 1999

패트리샤 폴라코 저, 서남희 역,《꿀벌나무》, 국민서관, 2003

로베르타 골린코프 · 캐시 허시-파섹 저, 김선아 역,《최고의 교육》, 예문아카이브, 2018

루스 실로 저, 은영미 역,《유대인의 자녀교육》, 나라원, 2014

루스 실로 저, 문경은 역,《유대인의 자녀를 키우는 천재교육법》, 아이템북스, 2007

마이클 샌델 원작, 신현주 저,《10대를 위한 정의란 무엇인가?》, 아이세움, 2014

야마모토 미카 저, 한승동 역,《평화를 기다리는 아이들》, 길벗스쿨, 2013

마이클 버간 저, 이현정 역,《세더잘 투표와 선거》, 내인생의책, 2014

프랑크 코쉠바 저, 강수돌 역,《경제 속에 숨은 광고 이야기》, 초록개구리, 2013

바바라 고트프리트 홀랜더 저, 김시래 역,《청소년을 위한 세계경제원론 1~4》, 내인생의책, 2011

에드워드 H. 카 저, 김택현 역,《역사란 무엇인가》, 까치, 2015

석혜원,《대한민국의 경제의 역사》, 아이앤북, 2014

이문열,《우리들의 일그러진 영웅》, 다림, 1998

로이스 로리 저, 장은수 역,《기억 전달자》, 비룡소, 2007

안케 드브리스 저, 박정화 역,《두 친구 이야기》, 양철북, 2005

장문석,《근대정신은 어떻게 탄생했을까?》, 민음인, 2011

도현신,《르네상스의 어둠》, 생각비행, 2016

제임스 맥리클란 저, 이무현 역,《물리학의 탄생과 갈릴레오》, 바다출판사, 2002

미겔 데 시르반테스 사아베드라 저, 김소영 역,《돈키호테》, 푸른숲주니어, 2007

임승휘,《절대왕정의 탄생》, 살림, 2004

노성두,《레오나르도 다 빈치》, 아이세움, 2002

노성두,《미켈란젤로》, 아이세움, 2001

제오프 나이트,《세더잘 플라스틱 오염, 재활용이 해답일까?》, 내인생의책, 2016

김서윤,《사회는 쉽다! 1: 왕, 총리, 대통령 중 누가 가장 높을까?》, 비룡소, 2012

찰스 디킨스,《두 도시 이야기》, 푸른숲주니어, 2007

최경석,《왜 르네상스 문화가 꽃피게 되었을까?》, 자음과모음, 2013

이완 맥레쉬,《세더잘 에너지 위기, 어디까지 왔나?》, 내인생의책, 2012

이정범,《왜 흥선대원군은 쇄국 정책을 펼쳤을까?》, 자음과모음, 2012

정명섭,《왜 신라에만 여왕이 있었을까?》, 자음과모음, 2010

루이 로랑,《나노 기술, 축복인가 재앙인가?》, 민음인, 2006

스콧 위트머,《세더잘 정치 제도, 민주주의가 과연 최선일까?》, 내인생의책, 2013

정문성,《토의 · 토론 수업방법 84》, 교육과학사, 2017

김회경 저, 조혜란 그림,《똥벼락》, 사계절, 2001

이상교 저, 한병호 그림,《도깨비와 범벅 장수》, 국민서관, 2005

시바타 아이코 저, 이토 히데오 그림, 이선아 역,《친구랑 싸웠어!》, 시공주니어,
2006

레오 리오니 글 · 그림, 최순희 역,《프레드릭》, 시공주니어, 2013

신문, 잡지, 사이트

이혁, '비판적 사고 교육의 중요성', 「대전일보」, 2017. 10. 17.

김민성, '4차 산업혁명 시대 미래형 인재를 만드는 최고의 교육', 「미래한국」,
2018. 2. 6.

성행경, '문제 해결력 갖춘 신입사원 채용이 4차 산업혁명 밑거름', 「서울경제」,
2017. 9. 22.

임명선, '학부모와 학생이 꼭 알아야 할 2018 달라지는 교육 과정', 「대학저널」,
2017. 12. 27.

홍영림, 정경화, 'SKY 신입생 70퍼센트, 신문읽기 大入에 도움됐다', 「조선일보」,
2016. 3. 7.

손예음, '시험기간 중 수행평가 학생들 한숨', 「광주드림」, 2017. 9. 22.

고경봉, '면접, 경청하는 것도 말하기만큼 중요해요', 「한경닷컴」, 2009. 4. 20.

김정미, '특목고와 대학입시 성공 뒤에 숨은 공통점을 찾아라', 「내일신문」, 2016. 6. 16.

신호, '더 좁아진 취업문… 자기소개서와 면접으로 승부', YTN, 2016. 3. 7.

김효정, '인성은 곧 성품? 학종에서는 '이것'까지 승부한다!', 「에듀동아」, 2018. 4. 3.

강희재, '토론은 경청하는 자세를 갖는 것부터 시작해요', 「숭대시보」, 2015. 10. 12.

김성모, '교사 96퍼센트, 책 많이 읽는 학생, 학업 성취도 높더라', 「조선일보」, 2016. 3. 7.

김주영, '중학생 작문 능력 49점… 초등저학년 수준', 「세계일보」, 2017. 3. 5.

김재현, '2022학년도 수능부터 서술형 문제 도입 적극 검토', 「뉴스1코리아」, 2018. 2. 3.

신현규, 김효혜, '제주, 객관식 없앤 바칼로레아 도입', 「매일경제」, 2017. 12. 4.

김효혜, '충남의 공교육 혁명 "객관식시험 이제 그만. 중등 교육 과정에 IB(인터내셔널 바칼로레아) 첫 도입', 「매일경제」, 2018. 2. 9.

고미석, '엄마 말 절대 듣지 마세요', 「동아닷컴」, 2017. 11. 18.

김도균, '잠자는 숲속의 공주', 잘못된 성 관념 심어줘, 학부모 주장에 논쟁 가열', SBS 뉴스. 2017.11. 28.

이상수, "4차 산업혁명, 미래교육의 방향은?", 시민의 소리, 2018.5.10.

김동석, "2011 미·이스라엘 공공문제위원회 총회 참관기", 조선뉴스프레스, 월간조선 2011년 7월

이재원, "1천억원짜리 티셔츠 회사 만든 비결은 어머니의 밥상머리 교육", 티타임즈, 2016. 1. 4.

김철영, "사회, 교육, 정책의 3박자가 일본의 대학을 세계 정상에 올려놓았다", 조선일보, 2018. 2. 13.

심정섭, "유대인들의 자녀 경제 교육 원리(1)", 더나음연구소,

김혜영, "[인생 없는 교실] 꼭 알아야 할 것은 안 가르치는 학교", 한국일보,

2017. 11. 11.

서현 "중앙일보–칼럼 문이과 구분", 중앙일보, 2013. 8. 31.

차길호, "수업흥미 없어... 질문 사라진 교실", 동아닷컴, 2017. 2. 24.

김동찬, "유대인들의 반성", 한국일보, 2017.4. 20.

신동흔, "1등도 낙오자도 없다, 협업 강조한 ´교육 天國´", 조선일보, 2016. 6. 11.

이부희, "노벨상 수상자의 22퍼센트가 경험한 자녀교육법 '하브루타'", 아시아투데이, 2017. 12. 29.

김순강, '미래 일자리 해법은 '융합과 협업', 「ScienceTimes」, 2017. 12. 24.

신향식, '하버드 학생들은 어떻게 글쓰기 수업을 할까', 「오마이뉴스」, 2008. 4. 29.

신향식, "하버드대 '논증적 글쓰기 수업'의 비밀", 「오마이뉴스」, 2008. 5. 6.

jobsN 블로그팀, 조영환, '삼성그룹 26년 인사담당, 면접장 들어서는 순간 당락 80퍼센트 결정', 「조선일보」, 2016. 4. 21.

영상

EBS 〈교육대토론〉, '4차 산업혁명, 학교교육 어떻게 바뀌어야 하나', 2017. 6. 26.

EBS 〈다큐프라임 4차 산업혁명 시대 교육 대혁명〉, '1부, AI와 인간의 공존은 가능한가?', 2017. 9. 18.

EBS 〈다큐프라임 4차 산업혁명 시대 교육 대혁명〉, '2부, 평가의 틀을 깨라', 2017. 9. 19.

EBS 〈다큐프라임 4차 산업혁명 시대 교육 대혁명〉, '3부, 대학, 변해야 산다', 2017. 9. 20.

EBS 〈미래강연 Q〉, '유대인과 질문', 2017. 11. 9.

EBS 〈미래강연 Q〉, '탈무드와 하브루타', 2017. 11. 26.

KBS 〈토론의 달인, 세상을 이끌다〉, 2008.

이화지식나눔특강 시리즈, 정제영, 〈4차 산업혁명과 교육의 미래〉, 2017. 4. 27.
CAMPUS TV 〈입시특별위원회〉, '4회 면접관을 사로잡는 면접전략', 2016. 12. 19.
KBS 뉴스 〈성인 40퍼센트 1년에 책 1권도 안 읽어… '시간이 없다'〉, 2018. 2. 6.
tvN 〈알쓸신잡 2〉, 2017. 10. 27.~2017. 12. 29.
파리넬리 감독, 〈왕의 춤〉, 2011.

우리 아이 미래 생존력을 키워주는 자존감 습관

우리 아이 30일 자존감 노트

조은혜 지음 | 12,000원

**어머님, 지금 올려줘야 할 것은
성적이 아니라 자존감입니다!**

현직 교사인 저자가 실제 교육 현장에서 아이들을 관찰하고 학부모와 면담하며 발견한 '자존감 습관'을 담아낸 책이다. 생생하고 풍부한 현장 경험을 바탕으로 상황별, 아이 유형별, 학년별로 어떤 습관이 필요한지 친절하게 안내해준다. 또 학교에서 아이들과 겪은 에피소드를 중심으로 설명함으로써 부모들은 마치 상담을 받는 듯한 기분으로 편안하게 읽을 수 있다.
이 책을 통해 자신의 소중한 가치를 아는 아이, 스스로의 능력을 믿고 노력하는 아이, 어떤 상황에서도 흔들리지 않는 단단한 아이로 키우는 방법을 배워보자.

미래를 준비하는 현명한 부모의 필독서

엄마 자격증

진이주 지음 | 13,800원

**공감 대화법부터 칭찬법, 문제행동 대처법까지
현실 육아 지침 28!**

'어떻게 하면 내 아이에게 더 나은 엄마가 될 수 있을까?' 육아가 서툰 초보 엄마들을 위해 내 아이를 주도적이고 자존감 높은 사람으로 키우는 법을 알려주는 책 부모가 되는 데 자격증이 필요하다고 하면 의아해할 수 있으나 유대인들은 아이를 낳기 전 부모가 되는 공부를 한다. 부모로서 올바른 가치관, 부모의 역할이 무엇인지 미리 학습하는 것이다.
이 책은 육아가 서툰 엄마들에게 20여 년간 가족 상담 전문가로 활동해온 저자가 아이와 마음으로 대화 나누는 법, 관계를 좋게 만드는 칭찬법, 문제 행동 대처법까지 현실적인 육아 지침을 이야기한다.

우리 아이
독서시민
만들기

한 권으로 끝내는 초등 독서법

최원일 지음 | 15,000원

**내 아이를 미래 능력자로 길러줄
학습, 재능, 인성 통합 코칭 솔루션**

학습, 재능, 인성 통합 코칭 솔루션 현직 교사의 생생한 독서활동 보고서이자 성장 보고서, 아이들에게 평생 자산이 될 살아 있는 표준 독서법 지침서다. 14년 차 초등학교 교사인 저자는 수년간 아이들과 함께 좌충우돌 파란만장 책 읽기 항해를 거듭하여 재능과 적성을 설계해주고 인성까지 통합적으로 양성해주는 획기적인 독서법을 제안한다. 아이들의 앞날을 고민하며 길을 찾는 부모들과 교사들에게 책 읽기의 가치를 재발견하고, 그 위력을 실감할 소중한 기회가 되어줄 것이다.

아이의
인성을
키워주는 책

어른이 되기 전 꼭 배워야 할 인성 수업

박찬수 지음 | 13,000원

**17년간 부동산 경매에 올인한 경매의 신이 알려주는
바로 벌고, 많이 벌고, 평생 버는 경매 투자 노하우!**

"지금 내 아이에게 무엇을 가르쳐야 할까?"
4차 산업혁명 시대, 아이의 미래를 걱정하는 학부모,교사를 위한 인성 교육 길잡이 30여 년간 공교육과 사교육 현장에서 아이들을 가르친 저자는 공부는 잘하지만 다른 사람과 잘 못 어울리는 아이, 꿈을 찾지 못해 불안해하는 아이 등 수많은 제자를 만나고 상담하고 가르친 경험을 바탕으로 어른이 되기 전에 배워야 할 단 하나의 가르침 인성에 대해 알려준다. '해냈다'는 자신감을 얻은 마라톤, 지리산을 걷고 이별 여행을 하는 감동 스토리를 읽다 보면 자연스럽게 인성 교육 방법을 깨닫게 될 것이다.